L'AFRIQUE INCONNUE

RÉCITS ET AVENTURES

DES VOYAGEURS MODERNES AU SOUDAN ORIENTAL

PAR

P. GILBERT

PROFESSEUR A L'UNIVERSITÉ DE LOUVAIN

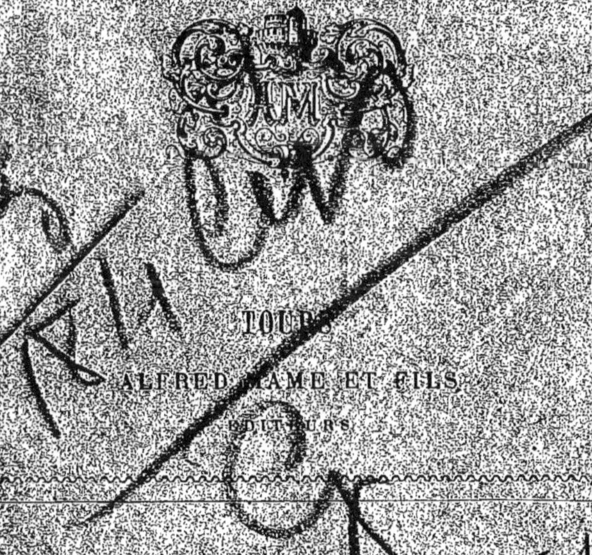

TOURS

ALFRED MAME ET FILS

ÉDITEURS

L'AFRIQUE INCONNUE

2ᵉ SÉRIE IN-8ᵒ

Chasse aux éléphants.

L'AFRIQUE

INCONNUE

RÉCITS ET AVENTURES

DES VOYAGEURS MODERNES AU SOUDAN ORIENTAL

PAR

P. GILBERT

PROFESSEUR A L'UNIVERSITÉ DE LOUVAIN

HUITIÈME ÉDITION

Parate viam Domini, rectas facite in solitudine
semitas Dei nostri. *Office de Noël.*

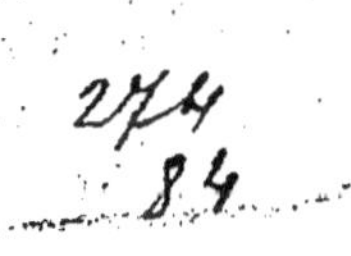

TOURS

ALFRED MAME ET FILS, ÉDITEURS

1884

L'AFRIQUE

INCONNUE

<hr>

CHAPITRE I

Notions sur les voyages en Afrique. — Esquisse d'une partie
de l'Afrique orientale. — L'Abyssinie.

L'Afrique est le continent des mystères : sur les
cartes de Strabon et des anciens en général, nous la
voyons, à part une étroite lisière au nord, marquée
comme un océan de sable, comme une région désolée que les ardeurs du soleil de Libye rendent inhabi-
table aux mortels. Après les découvertes du xve et
du xvie siècle, malgré quelques renseignements
obtenus par les Portugais sur la partie centrale de
cet énorme continent, l'on continua d'ignorer ce
qu'était l'Afrique, tant sous le point de vue de la
géographie que sous celui de l'histoire et des mœurs
des peuples qui l'habitent. Pendant un certain
temps nos connaissances semblaient même rétro-

grader, et nos idées sur la direction des montagnes et des cours d'eau furent moins exactes que celles de Ptolémée. On continua à couvrir de déserts inhabitables et de sables arides presque tout ce haut plateau de l'Afrique centrale, qui semble, au contraire, d'après les découvertes modernes, être plus peuplé que plus d'une contrée de l'Europe. Enfin, de nos jours, de longs et hardis voyages entrepris dans l'intérieur de l'Afrique par des voyageurs et de courageux missionnaires ont largement étendu le champ de nos connaissances ; révélé au monde l'existence de peuplades aux mœurs étranges, les unes tout à fait abruties, les autres singulièrement déveoppées en civilisation ; signalé l'existence de fleuves magnifiques, de lacs immenses et pittoresques, de montagnes volcaniques, de forêts splendides, et jusqu'à des cimes couvertes de neiges éternelles, là où nos pères supposaient que le soleil dévore de ses feux un sable aride et désolé. On comprend combien il est intéressant de suivre pas à pas les explorateurs dans ces régions si neuves, si originales, si fortement accentuées, surtout lorsque ces explorateurs ne vont pas seulement à la conquête de l'inconnu, mais à la conquête des âmes ; lorsqu'ils portent, avec la boussole du voyageur et le trousseau du naturaliste, la croix sainte du missionnaire. L'intérêt s'exalte encore lorsqu'on réfléchit aux dangers de toute nature qui menacent l'Européen dans ses hardies tentatives, et à la persistante éner-gie qu'il doit déployer au milieu des obstacles sans nombre qui se dressent contre lui. En effet, si quelques personnes superficielles ont pu s'imaginer qu'un voyage d'exploration dans l'intérieur de l'A-frique n'est guère plus difficile que nos excursions à travers l'Europe sillonnée de chemins de fer, trop d'exemples déplorables nous ont aujourd'hui mieux renseignés sur ce point. Elle est longue la liste des hommes énergiques enlevés à la science par la pas-sion de la géographie africaine, depuis Mungo Park jusqu'à Richardson, Overweg, Vogel; jusqu'à Petit, Dillon, Maïzan, Brun-Rollet, Vayssière, Knoblecher, Vinco; jusqu'à Roscher, Cuny, Barnim; jusqu'au docteur Peney, tombé en 1861 sur ces routes fa-tales, sans compter ceux qui n'ont rapporté en Eu-rope que des déceptions achetées au prix de leur santé détruite !

L'Européen qui aborde le continent mystérieux de l'Afrique se trouve tout d'abord aux prises avec le mahométisme, gardien jaloux de cette malheureuse terre, qu'il s'efforce d'étouffer dans ses bras. Obligé de se joindre à quelqu'une de ces lentes caravanes de marchands et de pèlerins qui sillonnent pério-diquement l'Afrique intérieure dans tous les sens, entretenant la vie religieuse et commerciale chez les

tribus les plus reculées, il aura à lutter à la fois
contre la défiance et la cupidité des marchands
arabes, qui craignent de voir la concurrence européenne s'installer sur leurs marchés, et contre l'exal-
tation religieuse des farouches *hadjis* ou pèlerins de
la Mecque, dont la haine contre le nom chrétien
vient de se retremper au sanctuaire de l'islamisme.
Il n'est pas d'avanies, d'humiliations, de trahisons,
qu'il n'ait à redouter de ces deux classes de voyageurs, si par hasard ils ne tentent pas de l'assassiner.
Lorsque, après avoir échappé à ce danger, il atteint
les peuplades nègres où le mahométisme n'a pas
encore chassé l'idolâtrie, il pourrait, là du moins,
espérer un accueil hospitalier, si partout les crimes
des chasseurs d'esclaves n'avaient soulevé ces races
primitivement craintives et bienveillantes, et ne leur
avaient appris l'astuce, le mensonge et le meurtre.
Le guide qui accompagne le voyageur le trompe; le
chef de tribu qui reçoit ses présents le rançonne et
l'exploite; le foyer qui l'accueille le trahit. Il trouve
un ennemi non moins redoutable dans le climat : sa
route traverse-t-elle les déserts, un soleil de feu pendant le jour, réverbéré par des sables brûlants que
soulève le vent mortel du midi, le manque d'eau,
des nuits glaciales, la perspective monotone d'un
horizon désolé qu'aucune verdure n'anime, la fatigue
du voyage, et les secousses insupportables du cha-

meau : tout cela amène inévitablement cette terrible
fièvre africaine, à laquelle l'Européen doit payer
son tribut. Plus malsaine encore est la traversée des
basses régions tropicales pendant la saison des pluies,
où l'action puissante du soleil sur un sol détrempé
communique à la vie végétale une activité exubérante, en même temps qu'elle dégage des immenses
détritus organiques des miasmes perfides qui tuent
aussi sûrement que la flèche empoisonnée du sauvage. La fièvre, le choléra, l'ophtalmie, la dysenterie, les horribles accès cataleptiques du *kychyoma-
chyoma* : telles sont les perspectives agréables qui
flottent dans l'imagination du voyageur, embellies
par la perspective de la dent des bêtes féroces et de
la morsure des reptiles venimeux.

Lorsque, dans les récits des hardis explorateurs
du Nil et de l'Afrique tropicale, on a suivi le progrès
de nos connaissances géographiques, que l'on s'est
convaincu qu'il y a là un champ magnifique ouvert
à l'activité européenne, que l'on sait au prix de
quelles souffrances, de quelle ténacité, de quelles
pertes ces résultats nous ont été acquis, on ne refuse
plus son admiration à ceux qui se sont voués à ces
explorations terribles.

Sans embrasser ce sujet dans toute son étendue,
nous nous proposons d'esquisser ici quelques-uns des
voyages les plus récents et les plus curieux effectués

dans l'Afrique orientale, vers les hautes régions de l'Abyssinie; puis plus au sud, à l'ouest de la côte du Zanguebar; puis enfin dans le domaine toujours mystérieux, mais de jour en jour mieux connu et plus intéressant, du cours supérieur du Nil [1].

Le voyageur qui, porté par une barque arabe venant de Djeddah ou de Moka, veut aborder sur la côte orientale d'Afrique, au sud de la ligne où commencent les pluies tropicales, se dirige sur Massaoua; ou bien, sortant de la mer Rouge par le détroit de Bab-el-Mandeb, il vient jeter l'ancre dans la rade de Tadjourrah, de Zeïlah ou de Berberah. Dans le premier cas, il touche directement le sol de l'Abyssinie : lorsqu'il a quitté l'îlot de Massaoua, dont la température excessive énerve toutes les forces du corps et toutes les énergies de l'âme, il aborde sur une côte aride et basse, brûlée par les ardeurs du soleil; mais il voit déjà se dresser devant lui les premiers gradins de cette chaîne qui porte dans ses replis les villages populeux et les fécondes vallées de l'Abyssinie.

[1] Pour que cette lecture présente un véritable intérêt, nous conseillons de suivre sur une carte récente et bien faite la route des voyageurs auxquels nous empruntons le récit de leurs travaux.

Cette côte porte le nom de *Samhar;* elle est parcourue en tous sens par des tribus de pasteurs au teint foncé, aux lèvres épaisses, aux cheveux ébouriffés, qui vont pieds nus, portent un pagne et une toge de coton, une lance, un large poignard et un bouclier de peau d'éléphant. Ce sont les *Chocho,* qui se disent issus d'un lion. Prenant pour guide un de ces pasteurs, on franchit en une nuit le désert, et l'on arrive à la vallée de *Haddas,* que sillonne un étroit filet d'eau. On remonte cette vallée, et progressivement le ruisseau est plus vif, l'herbe apparaît, puis des arbres verts, puis de riants ombrages qui préludent à la fraîcheur des hautes terres. Bientôt les oiseaux gazouillent dans les buissons, des troupes de singes jettent leurs cris d'alarme au haut de chaque rocher, et on arrive ainsi à la rude montée où il faut remplacer le chameau par le bœuf de charge, gravir en zigzag à travers les plantes grasses aux fleurs rouges; on atteint enfin le bord du plateau de l'Abyssinie.

De là le voyageur peut jeter un coup d'œil sur l'immense région qui lui reste à parcourir. Au nord la crête se prolonge, pour aller s'abattre et se disperser en monticules escarpés vers les pays où les Bilen, ces fiers chrétiens, gardent leur foi avec tant de persévérance; et vers les régions habitées par les Mensa, les Bogos, les Habab, où une mission catholique s'est installée depuis longtemps et a produit les plus heureux fruits[1]. Au sud, les montagnes bornent la vue, mais par un temps clair on peut voir, du côté de la mer, la plaine de sel du *Ragad,* où les musulmans placent le siège des villes maudites. Du côté de l'est, c'est l'Abyssinie : aux pieds du spectateur, des collines dénudées couronnées de massifs de grès blanc; plus loin, la plaine de *Zahma,* repaire des lions, où le Mareb roule ses eaux vers le nord et va se perdre dans le pays de Taka. Plus au sud, les montagnes de l'*Agame,* pays des braves, et les pâturages élevés de l'Enderta. En face, le *Tigré,* l'une des grandes provinces de l'Abyssinie, dont la capitale, *Adoa,* a été visitée récemment par tant d'Européens[2]; au bout de l'horizon, les hauts sommets du *Semiem,* parmi lesquels l'*Abba — Jaret* élève sa tête, presque toujours blanchie par la neige. Telle est l'Abyssinie, encadrée dans des montagnes bizarres, souvent couronnées par de petites plaines entourées de précipices, sans forêts sur les hautes terres, et composée de plateaux rarement unis, mais sillonnés çà et là par des fissures étroites et profondes. Sur les pentes raides de ces fissures, des

---

[1] Cette mission a été surtout l'œuvre du P. Stella, dont tous les voyageurs vantent l'abnégation, le courage et l'influence heureuse sur les sauvages. Elle a été établie de concert avec le P. Sapeto, auquel elle a inspiré un livre intéressant.

[2] MM. d'Abbadie, Lefebvre, Bell, Ferret et Galinier, Sapeto, etc.

arbres au feuillé sec ; au fond, des rivières peu abondantes, remplies de crocodiles. Rarement on chemine à travers les prairies ; presque toujours l'étroit sentier longe les rochers, quelquefois un champ d'orge ou de blé. Rarement aussi un bouquet d'arbres annonce une petite église, entourée de quelques huttes en terre et au toit plat. Si, tournant au sud-ouest, on franchit la tranchée profonde où coule le *Tacazzé*, on doit gravir alors les pentes abruptes du *Lamalmo*, et, sur le revers opposé, des pentes douces s'abaissent en prairies vers le lac central de l'Abyssinie, le *Trana;* on est dans la grande province d'*Amharra*. On aperçoit alors une longue rangée de collines couronnées de manoirs antiques, dont les tourelles et les ogives sont voilées d'arbres demi-séculaires, et le guide annonce au voyageur qu'il est arrivé dans l'antique capitale de l'Abyssinie, à Gondar.

Le lac Trana, réservoir du Nil Bleu ou *Abbay*, est limité au sud par le fertile massif du *Godjam*, qu'entoure la spirale du fleuve. A l'est du lac, c'est la province de Baguemider, où le terrain s'épanouit en plaines humides qui nourrissent d'immenses troupeaux. Au sud de la spirale décrite par l'Abbay, le sol se relève de nouveau en dessinant ses sommets élevés, des plateaux fertiles et couverts de hautes orêts, sillonnées par des vallées profondes et bien arrosées. Là s'étendent les pays mystérieux de l'Enaréa, du Kaffa, du Djindjiro, où se cachent peut-être les principaux affluents du haut Nil ou fleuve Blanc. Bien peu d'Européens ont pénétré dans ces régions : le P. Fernandez au xvii° siècle, les frères d'Abbadie en 1846; et en ce moment la mission franciscaine dirigée par M** Massaga s'est ouvert une route périlleuse dans ces terres inconnues, et s'occupe d'évangéliser des peuplades dont nous ne connaissons pas même les noms.

Au nord-est du plateau d'Enaréa se dessine encore un pays montagneux, fertile et salutaire, habité par une population analogue à celle de l'Abyssinie. C'est le royaume de *Choa*, autrefois l'une des subdivisions de l'empire d'Abyssinie. Ce pays est chrétien; il resta inconnu à l'Europe jusqu'au moment où un voyageur français, M. Rochet d'Héricourt, y fit successivement deux voyages que nous allons bientôt esquisser. M. Harris, officier anglais, et M. Krapf, missionnaire protestant allemand, ont également visité et décrit ce pays. Sa capitale est *Ankober;* mais Sahlé-Salassi, qui régnait au Choa à l'époque du voyage de Rochet, fut le créateur d'une nouvelle ville nommée *Angolola*, où il établit sa résidence favorite. A l'est du Choa, la plateau d'Abyssinie s'abaisse brusquement, et un pays peu accidenté, volcanique, âpre, brûlé par un soleil torride, s'étend jusqu'à la côte de Tadjourrah. C'est le pays des *Adels,* sillonné par les tribus pastorales et guerrières des *Danakiles*.

L'Abyssinie du nord est aujourd'hui assez bien connue, grâce aux ouvrages de Sault, de Bruce, de Lefebvre, de Combes et Tamisier, de Galinier et Ferret, etc. MM. Antoine et Arnaud d'Abbadie, qui ont, par leurs savantes et courageuses explorations, si brillamment complété la géographie de l'Abyssinie et commencé celle des pays inconnus du Kaffa, n'ont malheureusement pas encore publié les résultats complets de leurs voyages au moment où nous écrivons.

Nous nous attacherons donc principalement à l'exploration du pays des Adels et du royaume de Choa, en suivant particulièrement M. Rochet d'Héricourt, qui paraît avoir donné les détails les plus substantiels et les plus vrais sur la géographie et sur les mœurs de ce pays intéressant. Nous passerons rapidement sur son premier voyage, le second nous ayant paru renfermer des détails plus complets.

CHAPITRE II

ROCHET D'HÉRICOURT (1839-1854)

Premier voyage au Choa. — Tadjourrah. — Le pays des Adels. —
Le Choa. — Sahlé-Salassi, roi de Choa. — Sa lettre à Louis-Philippe.

Le 22 février 1839, M. Rochet d'Héricourt partit
du Caire pour Suez, avec l'intention de gagner par
la mer Rouge les provinces méridionales de l'Abyssinie, et par là, en s'assurant la protection de quelques princes chrétiens, de pénétrer dans l'intérieur de l'Afrique inconnue. De Suez à Djedda, de
Djedda à Moka, sur la côte d'Arabie ; de Moka à
Tadjourrah, sur la côte orientale d'Afrique : telle
fut la route qu'il parcourut en trois mois environ.
Le 4 juin, il jetait l'ancre dans le port de Tadjourrah,
bourgade située au bord de la mer, à peu près sous
le 12e degré de latitude nord. C'était là son point de
départ pour le voyage en terre ferme.

« Il est triste, dit-il, de rencontrer au commen-
cement d'un voyage aventureux une contrée aussi
désolée que celle où se trouve Tadjourrah. Je ne sais
rien de plus morne que ce hameau et les lieux qui

l'environnent. Sur le bord de la mer, une grève
blanchâtre et ardente, où sont jetées, adossées les
unes aux autres, les misérables huttes qui composent
le village de Tadjourrah; au fond, se dressant à une
hauteur considérable, des montagnes rocailleuses
de production volcanique, qui s'étendent du sud au
nord, et élèvent au nord leurs gradins dépouillés :
voilà le paysage uniforme qui se déroule devant vous
lorsque vous abordez à Tadjourrah. Quelques arbustes rabougris, vainqueurs de la stérilité de cette
terre, sont les seules traces de végétation qu'y rencontre la vue attristée; il semble que la vie se soit
retirée de là, et il y a dans cette aridité monotone
un emblème de mort qui dessèche l'âme et l'espé-
rance. Il est impossible au voyageur, aux premiers
pas d'une expédition dont les circonstances sont encore couvertes d'un voile mystérieux, de fermer son
âme aux pensées de doute et de découragement qui
lui font voir dans un tel début de sinistres pré-
sages. »

Conduit devant le chef de ce village désolé, Rochet
se vit obligé de séjourner pendant plusieurs semaines
à Tadjourrah; il décrit ce village comme composé
d'environ trois cents cabanes, de forme cylindrique,
faites avec des pieux de bois enfoncés dans le sable,
des branches et des herbes sèches. Les habitants
sont musulmans; ils font principalement le com-

merce d'échange entre l'Abyssinie méridionale et
l'Arabie, et, dès l'enfance, rompus aux habitudes du
négoce, ils accompagnent les caravanes, recherchant
avidement toute occasion de gain, et vivant sobre-
ment d'une poignée de *dourrah*[1], ou de laitage. On
cite une de leurs habitudes qui révèle leur par-
cimonie : ils prisent beaucoup, et renferment leur
tabac au fond d'une petite bourse de boyaux, qu'ils
ont soin de tenir roulée sur elle-même de peur que
la poudre précieuse ne s'en échappe. Lorsqu'ils
prisent en société, ils plongent dans cette bourse
le pouce et l'index, les retirent avec une mince
pincée de tabac qu'ils présentent à la compagnie,
en lui offrant, chose peu facile, d'en saisir quelques
grains entre leurs doigts serrés; et lorsqu'ils ont
rempli cette formalité de généreuse politesse, ils
aspirent les grains qu'ils ont su se conserver avec
la satisfaction de gens qui connaissent tout le prix
du plaisir qu'ils savourent. Leur costume se borne
à un petit manteau de coton, et à une pièce d'étoffe
retenue par leur ceinture, où pend un couteau-poi-
gnard. Leur chevelure, abondante et frisée, croît
naturellement; les femmes portent des blouses de
coton, et tressent leurs longs cheveux, qui tombent
jusqu'au bas des reins.

[1] Maïs égyptien.

Les habitants de Tadjourrah appartiennent par le sang à cette grande tribu des Danakiles qui, partagée en un grand nombre de *kabyles* ou sections de tribu, couvre le pays des Adels jusqu'au pied des montagnes de Choa. Ce fut un de ces habitants et un Bédouin danakile que Rochet prit pour guides et pour escorte, lorsqu'il partit enfin pour l'intérieur, après une assez longue attente. Le pays dans lequel il s'engagea en sortant de Tadjourrah pour aller au Choa ne possède aucune de ces merveilleuses beautés que la nature a répandues en d'autres lieux avec magnificence, spectacles délicieux ou grandioses qui nourrissent de poésie l'âme du voyageur, et le dédommagent en quelque sorte des privations qu'il s'impose et des périls qu'il brave. Il n'y a rien de semblable dans la partie de la côte des Adels qui s'étend jusqu'au Choa. C'est une contrée montagneuse que le travail volcanique a tourmentée, et qu'il a condamnée à une éternelle stérilité. Quelques chétifs arbustes s'élèvent çà et là sur cette terre, que les feux souterrains ont torréfiée, et dont aucune eau fécondante ne parcourt les brûlants replis; on ne trouve même pas dans la structure et dans le groupement des collines qui en couvrent la surface quelques-uns de ces aspects singuliers et effrayants, majestueux ou bizarres, mais empreints d'un caractère de grandeur imposante, que l'on rencontre souvent dans les régions montagneuses. Là c'est une médiocrité uniforme : aucun pic ne détache sa crête aiguë de la ligne onduleuse de ces petites montagnes aux chaînes prolongées, aux pentes adoucies. Ajoutez l'effet de la couleur rougeâtre et sombre que leur donne leur constitution volcanique, et l'action d'un soleil tropical qui darde sans relâche ses rayons sur leurs flancs dénudés; sous ce ciel embrasé les moindres objets se dessinent avec une netteté que l'on ne peut imaginer dans nos horizons brumeux et vagues du nord de l'Europe; éclairés, rougis, enflammés par les torrents de lumière que répand sur eux la fournaise solaire, tous les détails du paysage y frappent, brûlent les yeux, et en accusent avec une inflexible rigueur l'âpre aridité.

Cependant la saison des pluies ne faisait que toucher à sa fin lorsque Rochet se mit en route, et très souvent encore des orages furieux venaient interrompre sa marche et l'inonder de torrents de pluie. « Dans cette saison, raconte le voyageur, des orages quotidiens éclatent tous les soirs, de sept à neuf heures. Ne pouvant m'en garantir moi-même, je me déshabillais pour préserver au moins mes vêtements; puis je choisissais des blocs de roche assez hauts, que j'espaçais de manière à livrer passage aux eaux torrentielles, et c'était ma couche pour la nuit. Je la couvrais d'une peau de bœuf que je m'étais procurée à Tadjourrah; je m'étendais sur ce lit improvisé, qui, pour être moins chaud que celui de Montézuma, n'était pas non plus un lit de roses. Je plaçais alors sur moi une peau qui ne tardait pas à être imbibée d'eau; dans cette peu voluptueuse posture, je recevais sur le corps les flots impétueux que m'envoyait le ciel, tandis qu'au-dessous de moi de petits torrents se brisaient sur mon lit de pierres et s'enfuyaient en grondant : j'avais là ordinairement une heure de supplice entre deux eaux. A neuf heures, j'étais délivré; alors disparaissaient toutes ces nuées épaisses et sombres qui depuis plus d'une heure surplombaient l'horizon; le ciel des tropiques se montrait sur nos têtes, aussi riche, aussi beau pendant la nuit, qu'il est affreux et impitoyable pendant les ardeurs de la journée. »

Après avoir dépassé le village d'*Alexitâne*, le voyageur observa une particularité des plus remarquables : c'est un lac de sept à huit myriamètres de tour, dont les eaux sont saturées de sel; comme, par suite de l'évaporation, la salure augmente sans cesse, une croûte de sel s'est formée à la surface du lac, assez forte pour porter des chameaux jusqu'à une grande distance du bord; les habitants du pays en détachent sans cesse d'énormes fragments de sel, qu'ils transportent ensuite au loin, et qui sont leur principal article de commerce.

Nous ne suivrons pas M. Rochet d'Héricourt dans
sa longue pérégrination à travers le pays des Adels,
peuplé de tribus danakiles analogues à celles qui ha-
bite Tadjourrah ; sans incidents bien remarquables,
il arriva à *Tiannou*, premier village du royaume de
Choa, et rien ne peut peindre sa joie et son étonnement en passant des steppes stériles qu'il venait de
parcourir aux riches et fécondes vallées de l'Abyssinie. « Au sommet d'un coteau verdoyant, je voyais
les chaumières gracieusement groupées du village
élever leurs toits coniques au-dessus des touffes
d'arbres qui les entourent. Derrière cette colline,
dernier mamelon du versant oriental d'une longue
chaîne qui coupe l'horizon du sud au nord, se
dresse une série de montagnes étagées en gradins
les unes au-dessus des autres. Depuis les plus reculées et les plus hautes, dont les cimes bleuâtres se
découpaient nettement sur le ciel chaud et transpa-
rent, jusqu'à celles dont les pentes venaient expirer
à mes pieds, je voyais toutes ces montagnes couvertes d'une végétation vigoureuse, dont les belles
teintes étaient dorées par le soleil qui, descendant à
l'ouest, faisait glisser obliquement ses rayons sur
les flancs des coteaux. » En même temps, de belles
cultures, des habitations nombreuses, entourées de
petits jardins clos de haies, ombragées de mimosas
et de bananiers, annoncent l'aisance et montrent

que, là du moins, le travail de l'homme n'a pas fait
défaut aux dons généreux de la Providence. Tous les
terrains susceptibles d'être cultivés sont couverts
de blé, de trèfle [1], d'orge, de dourrah, de petits
pois, de fèves, de lin, de coton et de cannes à sucre
d'une grosseur remarquable. Sur le tapis de teinte
variée formé par ces plantations, se détachent gracieusement des bouquets de mimosas ; au bord des
sentiers, les haies touffues sont parsemées de jasmins,
de roses et d'autres fleurs propres au pays. Partout
le *kolquâl*, arbre aux rameaux dentelés, qui ressemble à un cône renversé. Ses branches portent des
fruits rouges et jaunes, réunis en grappes comme
ceux des dattiers ; enfin des myriades d'oiseaux aux
teintes magnifiques remplissent l'air de leurs chants.

Au moment où Rochet pénétra dans le royaume
de Choa, ce pays était gouverné par Sahlé-Salassi,
dernier descendant d'une suite de souverains qui
prétendaient se rattacher à Salomon. Affable avec
les étrangers, curieux et avide de s'initier à la civilisation des Européens, ferme et même despotique
vis-à-vis de ses propres sujets, ce prince était cer-
tainement un des plus intelligents qui eussent régné
en Abyssinie. Voici, d'après le voyageur, le portrait
de ce monarque : « Sahlé-Salassi est âgé de qua-

---

[1] Graine alimentaire assez analogue à la graine de pavot.

rante-cinq ans, de belle taille, bien fait; la douceur
de son caractère est peinte sur sa physionomie, dont
les traits sont d'une régularité irréprochable ; une
ophtalmie l'a privé de l'œil gauche; une épaisse chevelure noire, frisée avec soin, et dont les mille boucles
sont roulées sur elles-mêmes, se relève autour de sa
tête nue. Il était drapé à la romaine, dans une ample
étoffe de coton d'une éclatante blancheur, bordée
de bandes rouges : ce costume antique était noble-
ment soutenu par la dignité de son maintien. »

A l'arrivée de Rochet, Sahlé-Salassi se trouvait à
Angolola, sa nouvelle capitale. Il envoya au Français un courrier, pour le presser de venir le voir, et
le 4 octobre Rochet faisait son entrée, à sept heures
du soir, dans une suite de cours palissadées, remplies
d'officiers, qui conduisaient à la demeure du roi.
Celui-ci était assis sur son trône, entouré de trois
cents personnes portant des torches, et rangées autour du trône dans l'attitude du respect.

Sahlé-Salassi s'informa avec bonté des projets
du voyageur, l'interrogea avidement sur les arts et
l'industrie de l'Europe, et le congédia, le voyant
accablé de fatigue.

« Huit personnes, me devançant avec des flambeaux allumés, me conduisirent dans une maison
spacieuse, semblable pour la forme à celle où j'avais
vu le roi, et composée, comme elle, d'une seule

salle; le sol en était couvert d'une couche d'herbe
fraîchement coupée, tapis agréable à la vue et doux
à fouler. Un grand nombre de boucliers en cuir
d'hippopotame, d'un pied et demi de rayon, garnis
en argent, pendaient aux murs, dont ils étaient la
décoration exclusive. Au milieu, sur une grande
table en osier élevée de deux pieds au-dessus de
terre, étaient rangés cinq plats de viandes diversement apprêtées; deux vases remplis d'un miel
excellent, une corbeille de bananes exhalant un
parfum délicieux, deux pots d'hydromel, un panier
de pain, complétaient le menu de mon souper. Je
ne fis que toucher aux ragoûts et aux rôtis de
viande, qui les uns et les autres étaient horriblement pimentés et me brûlèrent le palais; je pris ma
revanche sur le miel et les bananes. Non loin de la
table, un grand feu était allumé dans un brasier en
fer. Il n'y a pas de cheminées dans les maisons : un
foyer en fer battu sert à la fois aux besoins de la
cuisine et au chauffage.

« Les huit personnes que le roi m'avait données
pour compagnie étaient rangées autour de la table,
debout, leurs torches à la main; ces torches sont
de grandes toiles de coton imprégnées de cire, re-
ployées sur elles-mêmes de manière à former un
rouleau de l'épaisseur du bras. On devine les gerbes
de clarté que répandent ces flambeaux monstres;

leurs feux faisaient miroiter sur les boucliers le poli
reluisant des ornements d'argent; toute la salle
était étincelante de lumière. J'avoue que, placé
entre une bonne table et un bon lit, savourant cette
volupté indicible que procure le repos au bout de
longues fatigues, les yeux éblouis, l'imagination
exaltée, la tête pleine de rêves, de projets, d'ar-
dentes pensées que les choses nouvelles, inatten-
dues, inespérées que je voyais dans ce pays, faisaient bouillonner en moi, j'éprouvai un de ces
rares sentiments de béatitude qui rachètent bien
des peines, bien des travaux, bien des dangers
vaincus, et couvrent d'un voile doré les obstacles
que l'avenir nous réserve encore. »

Le lendemain, le roi donna au voyageur une audience pendant laquelle il l'interrogea longuement
sur les procédés de fabrication des armes, de la
poudre, des étoffes, usités en Europe, sur le système
du gouvernement de la France, et se montra enchanté du cadeau de quelques fusils et d'un moulin
à poudre que le voyageur avait apportés de France.
Sahlé-Salassi lui donna de beaux chevaux, des domestiques pour le servir, et ne le quitta, pour ainsi
dire, plus un seul instant.

Quelques jours après, pendant que des ouvriers
du pays préparaient les charpentes nécessaires à
l'emploi du moulin à poudre, Rochet partit avec le

roi pour une excursion dans les diverses provinces de son royaume. Sahlé-Salassi rendait lui-même la justice dans ces expéditions, qu'il faisait avec un grand déploiement de forces militaires. Chaque journée était terminée par un festin public qui rappelait ceux qu'Homère a décrits. Le repas était servi sur deux grandes tables en osier, élevées à soixante-six centimètres au-dessus du sol; elles étaient placées au milieu d'une vaste salle, et jointes ensemble de manière à former une croix, moins la branche du sommet. Sur ces tables figuraient sept ou huit vases énormes, remplis de viandes diversement apprêtées; de grands tas de larges galettes, faites les unes avec de la farine de blé, les autres avec celle de trèfle, s'élevaient en piles entre les mets; parmi les vases, les uns contenaient de petits morceaux de bœuf entourés d'une sauce épaisse préparée avec du piment réduit en farine; d'autres, des gigots de mouton dont les chairs, détachées par de petites bandes retenues à l'os, ressemblaient à un martinet à quinze ou vingt branches; ces gigots étaient enduits également d'une couche épaisse de piment. Toutes ces viandes étaient peu cuites; souvent même on les remplaçait par de grands quartiers de bœuf dont les chairs, encore palpitantes, étaient distribuées aux convives. Les Abyssins mangent avec délices cette viande crue, ou *brondo*, en la trempant dans du piment [1]; ils ne connaissent d'autres boissons que l'hydromel, liqueur excellente, qui pétille comme le vin de Champagne. A la table royale, on le versait aux personnes de distinction dans de petits bocaux en verre nommés *berillés*, et aux autres, dans des gobelets en corne.

Les convives étaient assis à la manière des Turcs, sur le sol tapissé d'herbe fraîche; les mets étaient apportés dans la salle par les femmes esclaves du roi, mais ils étaient servis par des hommes. Quant au roi, sa dignité ne lui permet pas de manger en public : assis sur son trône, entouré de quelques officiers, il assiste aux galas qu'il donne et rit des saillies de son bouffon, tandis que des musiciens armés de trompettes, de chalumeaux, exécutent un infernal charivari.

Le 23 octobre, l'armée royale se mit en marche, commandée par Sahlé-Salassi, qui avait déployé à cette occasion la plus grande pompe. On se dirigea vers les montagnes *Moguères* à travers le pays des *Gallas*. Le 30, on atteignit le Nil Bleu ou *Abbay*, dont l'aspect remplit d'émotion notre voyageur, tant les grands souvenirs qui se rattachent à ce fleuve célèbre sont faits pour impressionner l'âme.

---

[1] C'est à l'abus de la viande crue que l'on attribue la fréquence du *ténia* ou ver solitaire chez les Abyssins. Ils se guérissent de cette maladie par l'emploi d'une plante appelée *cousso*.

La race Galla, qui peuple tous les pays que l'on venait de traverser, est une des plus belles de l'Afrique. Les Gallas sont en général bien constitués, de haute stature; ils ont le front large et élevé, le nez aquilin, la bouche bien coupée, le teint cuivré plutôt que noir; leurs cheveux sont tressés en petites nattes qui flottent autour de leur tête, et mêlent quelque chose de gracieux au caractère expressif et noble de leur physionomie. Habitués dès leur plus tendre jeunesse à monter à cheval, à porter le bouclier et la lance, ils sont excellents cavaliers et insensibles aux plus rudes fatigues; pleins de courage dans les combats, ils se montrent dans leurs champs cultivateurs habiles et laborieux. Cette grande nation, conduite par un chef entreprenant, pourrait conquérir l'Afrique.

Les femmes gallas ne le cèdent pas en beauté aux Bédouines du pays des Adels; leur costume est à peu près le même. Quant au culte, les Gallas ne sont pas proprement idolâtres, car ils ne reconnaissent qu'un Dieu, et ne l'adorent pas sous une forme matérielle. Ils sont très superstitieux, comme tous les peuples ignorants. Ils ont emprunté aux chrétiens leurs voisins quelques usages, entre autres un respect scrupuleux du dimanche. C'est ce jour-là ordinairement qu'ils se réunissent pour invoquer Dieu et le prier de leur accorder de belles moissons. Ils cueillent alors, hommes et femmes, quelques poi-gnées de blé vert ou d'herbe, et les placent sous leurs bras; ils prennent ensuite un petit bâton long d'environ soixante-six centimètres; un homme le tient par un bout, une femme par l'autre; après quoi, les couples, ainsi liés, dansent en rond autour de l'arbre en criant : « *Aouaque* (c'est ainsi qu'ils appellent Dieu dans leur langue), donne-nous une bonne moisson, veille sur nous, sur nos biens, sur nos troupeaux, etc... » Tantôt ils élèvent le bâton au-dessus de leurs têtes, tantôt ils l'abaissent; puis ils se prosternent, se relèvent, et continuent en chantant à répéter les mêmes évolutions pendant une demi-heure. La cérémonie se termine par le sacrifice de plusieurs moutons.

La danse est différente, quoique les formules des prières restent à peu près les mêmes, lorsque l'on veut invoquer l'aide de Dieu pour le succès d'une guerre. Les femmes, dans ce cas, commencent par se ranger en cercle autour de l'arbre sacré, isolées l'une de l'autre. Les hommes arrivent à cheval, dans l'équipement guerrier, mettent pied à terre, et, munis du bouclier et de la lance, forment un second cercle derrière les femmes. Alors une de celles-ci exécute la danse; les jambes serrées, les mains appuyées sur les hanches, elle trépigne vive-ment des pieds; le cavalier placé derrière elle imite ses mouvements, que chacun des assistants répète à son tour. Puis tous, se prenant par les mains, dansent autour de l'arbre une ronde finale en invoquant la miséricorde de l'*Aouaque*. La cérémonie achevée, on sacrifie un taureau; puis, après le repas, où l'on dévore la victime, les Gallas, montant à cheval, partent immédiatement pour la guerre.

Le 2 novembre, la cour s'arrêta au monastère de *Dewa-Libanos*, tombeau d'un moine célèbre, vénéré dans le pays. Ce couvent est bâti dans un très beau site, où coule un filet d'eau réputé miraculeux. Puis, après un séjour de quelques heures, le roi reprit sa route vers Angolola, où il fit une entrée triomphale, et le 18 novembre il partit avec Rochet pour Ankober, l'ancienne capitale du royaume de Choa.

Ankober occupe le sommet de la pente orientale d'une chaîne de montagnes de production volcanique qui se dirige du nord au sud; ses nombreuses chaumières, isolées les unes des autres et entourées chacune d'un petit jardin clos d'une haie vive, forment, avec leurs toits coniques qui s'échappent de touffes de verdure et s'élèvent les uns derrière les autres, étagés par l'inclinaison du terrain, un des plus ravissants amphithéâtres qu'on puisse voir. La population de cette ville délicieuse peut être évaluée à neuf à dix mille âmes.

Les maisons du roi sont bâties sur un monticule

en pain de sucre qui domine la montagne; elles
sont palissadées; de grands arbres, des cèdres, des
cyprès et des *kantouffas* aux branches évasées sont
disposés et groupés avec symétrie dans leur enceinte; l'ensemble offre un coup d'œil magnifique.
Du sommet des collines on voit, au bas d'Ankober,
une forêt de cèdres d'une hauteur prodigieuse; des
milliers d'oiseaux au plumage éclatant, aux chants
singuliers et harmonieux, font de ce bois un lieu de
délices aux heures où la chaleur du jour donne un
prix immense à la douce fraîcheur qu'on goûte sous
ses ombrages. A l'est, la vue s'étend jusqu'à près
de douze myriamètres, sur un pays ondulé, d'une
fertilité incroyable, et tapissé de la plus magnifique
verdure. Aussitôt établi à Ankober, notre voyageur
se hâta de fabriquer le sucre, comme il l'avait promis à Sahlé-Salassi.

« Je fis demander quelques ouvriers potiers; je
leur commandai vingt formes en terre. Le 20, le roi
m'avertit qu'il avait envoyé plusieurs de ses gens
avec ordre d'arracher deux mille cannes à sucre :
l'idée d'avoir du sucre fabriqué dans ses États le
remplissait de joie. Je lui demandai cinquante jeunes
gens, afin de les employer à la manipulation des
cannes aussitôt qu'elles arriveraient; il me répondit
qu'il ferait lui-même le cinquante-unième, qu'il ne
voulait pas perdre de vue une seule de mes opéra-

tions, et il me pria de choisir pour fabrique une de
ses maisons.

« On apporta des cannes de la plus rare beauté,
beaucoup plus grandes et plus grosses en général
que celles que j'avais vues en Égypte ; je les fis
écorcer, couper par menus morceaux et piler dans
de grands mortiers de bois. Je mis ensuite cette
trituration dans de grandes toiles que je soumis à la
presse ; je fis cuire le jus que j'obtins ainsi ; je le
filtrai au moyen d'une couverture de laine, je le fis
ensuite évaporer, et, après lui avoir donné le degré
de cuisson nécessaire, je le versai dans les formes
à cristalliser. Cet enchaînement d'opérations dura
deux jours, pendant lesquels Sahlé-Salassi me tint
constamment compagnie ; plusieurs fois même il mit
lui-même la main à l'œuvre, ainsi qu'une foule
d'officiers. Quelques jours après je retirai le sucre
des formes et le portai au roi, qui ne pouvait revenir
de sa surprise et de son admiration. »

Ce service, et plusieurs autres que Rochet d'Héricourt avait rendus au roi, donnèrent à celui-ci l'envie
d'attacher le voyageur à sa cour, en lui offrant le
gouvernement d'une province ; mais Rochet refusa,
et, après un séjour de quelques mois, pendant
lequel il eut l'occasion d'assister à une chasse aux
singes et à la guerre contre les Gallas, il revint en
Europe par Tadjourrah et Zeïlah, porteur d'une

2*

lettre de Sahlé-Salassi pour le roi Louis-Philippe;
cette lettre était conçue en ces termes :

*Negeuste Sahlé-Salassi, roi de Choà, à Louis-Philippe,
roi des Français.*

« Je vous envoie ce message après avoir entendu
parler de Votre Grandeur par Rochet; mon cœur
est déjà porté vers vous et désire votre amitié. Il
est d'usage qu'entre personnes éloignées les présents
en soient les premiers gages. Je vous envoie donc
quelques objets de mon pays; ces objets sont un
bouclier, un sabre, un anneau d'argent et un bracelet de guerrier; une taupe, une peau de panthère
noire, une peau de lionne, deux lances, un cheval,
deux livres appelés : l'un *San kessar*, l'autre *Fetha-
Negeuste*. Je ne regarde pas ces objets comme des
présents dignes de vous, mais comme des objets de
curiosité : ce sont des produits de notre industrie
que je vous fais parvenir.

« Je ne puis contracter avec vous l'amitié qui
naît du regard et de la parole, mais seulement celle
que l'écriture cimente, puisque nous ne pouvons
nous voir; mais nos yeux seront les caractères tracés
par la plume, et notre parole celle de Rochet, à qui
j'ai confié ma pensée. Renvoyez-le-moi bientôt, et,
lorsqu'il viendra, dites-lui ce que vous voulez avoir
de mon pays et qui ne se trouve pas dans le vôtre;

je m'empresserai de satisfaire vos désirs et de vous renvoyer Rochet à mon tour.

« Que la bénédiction dë Dieu notre Père, que celle de Jésus-Christ notre Sauveur, soient avec vous.

« SAHLÉ-SALASSI, *roi de Choa.* »

CHAPITRE III

ROCHET. — DEUXIÈME VOYAGE AU CHOA

Une tempête sur la mer Rouge. — Vengeance des Danakiles. — Retour au Choa. — Un orgue de Barbarie chez un prince africain. Guerre contre les Gallas. — Retour en France.

L'accueil que Rochet d'Héricourt, à son retour, reçut du roi Louis-Philippe, les félicitations de l'Académie des sciences, les promesses échangées avec le roi Sahlé-Salassi, tout se réunissait pour décider le voyageur à tenter une nouvelle excursion dans le royaume de Choa. Il partit donc de Marseille le 1er janvier 1842, à bord de la frégate *le Lycurgue*, arriva le 15 à Alexandrie, le 4 février au Caire, et se rendit par *Keneh* au port de *Kosseïr,* sur la côte occidentale de la mer Rouge. De là il gagna par mer Djeddah et Moka; il trouva ces deux villes dans une très grande fermentation religieuse par suite des événements politiques qui menaçaient déjà l'Orient à cette époque. Un vieux moine abyssin, qu'il rencontra à Djeddah, avait subi de la part des musulmans les plus indignes traitements.

Rochet se rendit ensuite par mer à Tadjourrah, comme lors de son premier voyage; mais là des difficultés soulevées par les Anglais l'obligèrent à revenir sur ses pas; il dut repasser la mer pour rentrer à Moka, dont l'avare gouverneur l'inquiétait beaucoup sur le sort des présents qu'il était chargé de remettre à Sahlé-Salassi.

Nous le laisserons raconter la tempête qu'il essuya en route :

« Peu s'en fallut, dit-il, qu'un accident terrible me dispensât de prendre aucune mesure de précaution contre le gouverneur de Moka. Nous étions à peu près à mi-chemin entre Tadjourrah et le détroit de Bab-el-Mandeb, lorsque nous fûmes assaillis par un des plus violents orages que j'aie jamais essuyés. Le vent soufflait avec rage, la mer était furieuse; notre frêle navire était horriblement ballotté par les vagues, qui semblaient nous ouvrir à chaque instant des abîmes. La foudre éclata à quelques mètres de nous; elle plongea dans l'eau en serpentant, et laissant après elle une flamme bleue et jaune, dans l'air une odeur de soufre qui faillit nous suffoquer. Une lame emporta une partie de la cabine avec une caisse

de vin, une caisse de farine et un sac de biscuits ;
une autre lame précipita à la mer un malheureux
passager danakile. Une minute après, un coup de
vent déchira la voile. Les matelots poussaient des
cris, et l'épouvante les plongeait dans un engourdis-
sement qui augmentait le péril. Le *raïs* [1] et moi
nous avions seuls conservé notre sang-froid ; nous
fûmes obligés de battre nos marins pour les réveiller
de leur hébètement et leur rendre quelque énergie.
Nous parvînmes à raccommoder la voile ; le raïs me
dit qu'au risque de tout perdre il allait s'efforcer
d'entrer parmi les récifs de la côte africaine. Le jour
touchait à sa fin, lorsque nous aperçûmes des écueils
vers lesquels nous marchions avec une effrayante
rapidité. Le raïs commençait à se repentir de sa résolution ; mais nous ne pouvions plus reculer. La vue
du danger où nous courions nous jeta pendant quelques minutes dans une anxiété terrible ; mais un
instant après, le désespoir même nous commanda
d'agir. On attacha les crampons à de fortes cordes
liées à la barque ; les trois matelots les plus auda-
cieux, munis chacun d'un de ces crampons, se pla-
cèrent sur la proue ; arrivés près du premier écueil,
à côté duquel la barque devait passer, ils sautèrent
à la mer, et allèrent se cramponner au roc sur lequel
bondissaient des cascades d'écume : ils attachèrent

---

[1] Pilote arabe.

leurs crampons avec une si grande solidité, que la barque s'arrêta et fut tout à coup à l'abri; s'ils n'avaient pas réussi à nous retenir, nous nous serions infailliblement brisés, à quelques mètres de là, contre un banc de récifs dans la direction desquels notre proue s'était tournée [1]. »

Le lendemain, la mer s'apaisa, et deux jours après le voyageur touchait Moka, où il dut séjourner pendant assez longtemps. Se défiant du gouverneur, il avait fait transporter tous ses bagages à bord d'un navire étranger qui se trouvait en rade de Djeddah; bien lui en prit, car à peine était-il arrivé, que le vieux chérif le fit appeler pour le rançonner. Sa cupidité se fixa sur un fusil assez ordinaire que le voyageur portait avec lui, et auquel celui-ci eut l'habileté de paraître tenir extraordinairement : grâce à ce stratagème, il en fut quitte pour laisser cette arme entre les mains de l'avare gouverneur.

Un incident favorable permit à Rochet de rentrer en Abyssinie bien plus tôt qu'il ne l'espérait. Il reçut tout à coup la visite d'un habitant d'*Ambabo*, hameau voisin de Tadjourrah, qui, sachant que le médecin français avait plusieurs fois guéri des malades affectés de la *plaie de l'Yémen*, et se trouvant

---

[1] L'audace et l'habileté des pilotes arabes de la mer Rouge sont depuis longtemps célèbres.

lui-même sous le coup de cette terrible affection, vint le prier de lui donner des soins et de le guérir.

La *plaie de l'Yémen*, d'après les observations du Dr Petit, est un mal gangreneux qui attaque les nègres, les Arabes et les soldats turcs (jamais les Européens) sur le littoral de la mer Rouge, depuis *Aden* jusqu'à *Yambo*. Il débute par une petite plaie formée sur un bouton ou sur une écorchure résultant de quelque accident, et toujours à la jambe. Cette plaie ne se cicatrise pas, et présente au bout de deux à trois jours l'inflammation, le gonflement, avec une petite escarre au centre. Ensuite il se forme un second cercle inflammatoire. Le premier passe à l'état gangreneux, la plaie se creuse, puis se nettoie; son aspect est rougeâtre, les bords relevés et renversés au dehors. Cinq à six jours après, la plaie s'agrandit jusqu'à égaler la largeur de la paume de la main; elle gagne en profondeur, atteint les muscles, et ses bords, de plus en plus relevés, finissent par se confondre dans l'ulcère. Des douleurs insupportables empêchent toute espèce de repos; les os eux-mêmes se carient sous la plaie, finissent par être mis à nu, et se détachent successivement jusqu'à ce que le malade succombe.

Rochet promit au malade de le soigner, si à son tour celui-ci lui fournissait, dans son hameau, un asile sûr où il pût attendre la réponse aux lettres

qu'il avait adressées au roi Sahlé–Salassi avant de
quitter Tadjourrah, dans l'espoir que le prince lui
assurerait le moyen de parvenir jusqu'à lui. Le Danakile promit tout ce qu'on voulut, et, à peine
guéri, il partit avec le voyageur français. Le 16 septembre 1842, Rochet atteignit Ambabo, et recevait
communication des deux lettres suivantes :

« Mon cher Rochet, mon affection pour toi n'a fait
qu'augmenter pendant ton absence : viens vite auprès de moi, je t'aimerai comme mes fils. La route
de Tadjourrah est ouverte pour toi; si on te la ferme,
le sultan et les habitants deviendront mes ennemis.
Pars aussitôt que tu auras reçu ma lettre, et viens
m'embrasser.

« Sahlé–Salassi. »

« Mon cher Rochet, je ne comptais plus te revoir,
car on nous avait dit que tu étais mort; mais Dieu a
écouté mes prières et celles de Sahlé-Salassi. J'es-
père que tu auras avec toi les objets que je t'avais
chargé de me rapporter de ton pays; viens vite me
les faire voir.

« Betsabèche [1]. »

Une troisième lettre du roi, adressée au sultan de
Tadjourrah, le menaçait des plus dures punitions s'il
persistait à retenir le voyageur.

---

[1] Reine de Choa et femme légitime de Sahlé-Salassi.

Grâce à cette puissante intervention, Rochet d'Héricourt put enfin quitter Ambabo le 15 septembre, après d'interminables débats avec le père de son malade, qui ne se fit aucun scrupule de lui demander un prix exorbitant pour la location des chameaux destinés à transporter son bagage. La route suivie par le voyageur pour gagner les États de Sahlé-Salassi fut à peu près la même que dans son premier voyage : elle touchait le lac salé, coupait en plein le pays des Adels, traversait l'Aouache à *Mulko-Konyou*, et venait aboutir à *Dénémali*, un des premiers villages de Choa. Seulement, depuis son passage, les gorges de Gongonta avaient été ensanglantées par l'assassinat de deux soldats anglais faisant partie de l'expédition que le major Harris dirigeait en ce moment vers la cour de Sahlé-Salassi.

« M. Harris, raconte Rochet d'Héricourt, avait campé dans la gorge de Gongonta avec sa caravane. La nature du terrain ne lui avait pas permis de prendre les précautions de défense les plus régulières contre une attaque nocturne. Il avait placé ses chevaux au centre du ravin; du côté du versant nord, dormaient les soldats de son escorte européenne; les officiers bivouaquaient au bas du versant méridional; un fort piquet de Danakiles était en avant, et une sentinelle européenne se promenait devant le front du camp. On passa une première nuit dans ces

dispositions; la chaleur que le sol avait conservée,
et que ne tempérait pas la moindre brise, la rendit
lourde; mais elle fut assez tranquille. On s'arrangea
le lendemain soir de la même manière. La journée
avait été aussi brûlante. Une heure avant minuit,
une longue bouffée de sirocco s'engouffra dans la
gorge avec des sifflements épouvantables et en sou-
levant des nuages de poussière; quelques lourdes
gouttes de pluie tombèrent; puis tout redevint calme,
et la lune se leva au milieu d'un silence de mort.
Tout à coup, vers deux heures, un sauvage hurlement irlandais se fait entendre; tous les hommes
s'éveillent et se mettent spontanément sur leurs
jambes, chacun prend son fusil et l'arme, dans l'attente de l'ennemi invisible. Le major Harris rallie
avec peine ses soldats, qui se pressaient en désordre
autour des lits de l'état-major; il les ramène à l'endroit d'où le cri de détresse était sorti; on y trouve
un sergent et un caporal baignés dans leur sang, et
en proie aux dernières convulsions de l'agonie : l'un
avait l'artère carotide coupé; un coup de poignard
avait frappé l'autre au cœur. A côté des deux cadavres se tordait un Portugais de la suite de l'ambassade, le ventre fendu et les entrailles pendantes.
Au moment où avait été poussé le cri d'alarme, on
avait vu deux ombres se glisser au fond du ravin, et
disparaître dans les anfractuosités de la montagne.

« Les Danakiles, qui avaient tous pris leurs boucliers et leurs lances, voulurent les poursuivre ; mais,
quoique la lune brillât au ciel, il fut impossible de
les découvrir dans les fentes des rochers où ils s'é-
taient ensevelis.

« On fut bientôt convaincu que ces crimes n'a-
vaient eu pour prétexte aucune tentative de vol : ils
avaient été accomplis pour la gloire seule qui entoure l'homicide dans le pays des Adels : l'homme
qui tue un homme conquiert parmi ces tribus sauvages le renom de guerrier ; il a le droit d'attacher
à sa chevelure, enduite de suif, une blanche plume
d'autruche, de passer un bracelet de cuivre autour
de son bras, d'ajouter quelques ornements d'argent
à ses armes. D'ailleurs, qu'il ait plongé son poignard
au cœur d'un voyageur, ou qu'il ait percé son ennemi
de sa lance en combattant, la gloire est la même ;
et les assassins qui sont venus traîtreusement donner
la mort à trois soldats anglais au milieu de leurs
camarades, doivent s'estimer et sont regardés sans
doute par leurs compatriotes comme de rares et
intrépides guerriers. »

L'aspect des tombeaux de ces malheureux soldats
impressionna vivement notre voyageur : sa situation
lui parut plus dangereuse encore ; car si les assassins n'avaient pas craint de venir chercher leurs
victimes au milieu de trente Anglais bien armés,

que pouvait faire contre eux un seul voyageur, n'ayant d'autre appui que sa force morale et la Providence? Heureusement la crainte des armes à feu tint encore quelque peu les Bédouins en respect, et à l'exception d'un vol de quelques pièces de coton, compliqué d'une tentative d'assassinat qui eut lieu à la station d'*Omar-Goulouf,* par les gens de la tribu Achemali, puis d'une fausse attaque de la part des *Guindosso,* le voyage s'acheva sans accident, et le 30 octobre, un mois et demi juste après le départ d'Ambabo, Rochet arrivait à *Farré,* premier village de la province d'*Éfate,* dans le Choa. Ce fut là que la caravane se sépara; uu épisode qui marqua cette séparation mérite d'être raconté, puisqu'il montre l'influence que la compassion naturelle à un cœur généreux peut exercer sur les natures les plus sauvages.

Il y avait parmi les femmes qui suivaient la caravane une jeune Bédouine nommée Néfiz, qui accompagnait son frère au royaume de Choa; elle y devait trouver un Danakile à qui elle était fiancée. Les femmes jouissent d'une certaine liberté chez les Adels; mais, loin d'y être comme chez nous l'objet de prévenances et de ménagements, elles sont chargées des travaux les plus rudes, et le frère de Néfiz laissait à sa sœur le soin de conduire ses deux plus mauvais chameaux. Les peines inouïes que ces bêtes

rétives donnaient à la jeune fille excitèrent la compassion de Rochet, qui plusieurs fois l'aida à se tirer
de mauvais pas. « Un jour que je me trouvais à
l'arrière-garde de la caravane, c'était la place où
Néfiz était presque toujours reléguée, nous étions
engagés dans une des gorges les plus difficiles de la
route d'Omar-Goulouf à Kilalon. Un des chameaux
de la jeune Bédouine s'abattit; je posai mon fusil à
terre, et l'aidai à relever la bête. Le lendemain, le
même chameau s'abattit encore; je voulus lui rendre
le même service, mais elle me regarda avec colère :
« N'approche pas, me dit-elle, tu as jeté le mauvais
« œil[1] sur mes chameaux. » Je m'approchai cependant, et je parvins à remettre l'animal sur ses
jambes. Mon succès ne me justifia pas dans l'esprit de
Néfiz. « *Jah! Jah!* s'écria-t-elle lorsque je m'avan-
« çais, *debbio! debbio! el Ferenghi!* Tiens! Tiens!
« voilà encore le Franc! j'ai dans l'idée que c'est
« lui qui empêche mes chameaux de marcher. » Je
voulus vaincre sa défiance superstitieuse; je fus plusieurs jours avant d'y réussir. Elle comprit à la fin
que je cherchais à diminuer ses fatigues, bien loin de
de vouloir lui en susciter. « Je vois, me dit-elle, que
« tu as de la puissance même sur mes bêtes. Tu n'es

---

[1] Superstition fort répandue, qui attribue aux regards de certains
hommes le pouvoir de jeter un maléfice sur les personnes qui leur
déplaisent.

« donc pas aussi à craindre que mes compatriotes
« veulent le faire croire? » Depuis ce moment elle
devint moins farouche. Je lui fis un cadeau de verroterie; elle excita l'envie de ses compagnes, auxquelles
elle courut le montrer : elle ne me regardait plus
comme un ennemi. Après que nous eûmes traversé
l'Aouache, je vis encore un de ses chameaux, exté-
nué, se coucher à terre. Les gens de la caravane la
laissaient en arrière avec une indifférence cruelle;
j'allai de nouveau à son secours.

« — Tu ferais mieux, me dit-elle, de laisser là
« mon chameau; j'arriverais plus tard chez mon
« fiancé, et peut-être je n'y arriverais pas du tout. »
Je voulus la consoler. « Vois-tu, me dit-elle, si tu
« voulais te marier avec moi, tu es un guerrier
« comme mon frère, nous serions les plus considé-
« rables de la tribu. »

« Le sentiment d'humanité qui m'avait intéressé
aux fatigues de Néfiz n'allait pas jusqu'à me faire
souhaiter de devenir l'époux de cette noire beauté.
« Demande à ton frère s'il consentirait au mariage, »
lui répondis-je. J'étais bien sûr par là d'éluder la
difficulté. Je savais que les usages danakiles obli-
geaient Mahomet-Soulé à ne pas donner sa sœur à
un autre homme qu'à son fiancé. Néfiz fut désolée
de ne pouvoir fléchir son frère. « Quand tu retour-
« neras dans ton pays, me dit-elle lorsque je la

« quittai à Farré, je serai mariée ; mais tu verras
« que je me souviendrai de toi. »

Le gouverneur de la province ayant fourni au
voyageur les porteurs qui lui étaient nécessaires,
celui-ci escalada en quelques jours les pentes rapides
qui conduisent aux plateaux élevés du royaume de
Choa, et rejoignit à Angolola le roi, qui l'attendait
avec une vive impatience.

L'accueil de Sahlé-Salassi fut aussi bienveillant
que Rochet pouvait l'espérer : le roi, vêtu de son
costume de cérémonie, assis sur un *sérir* couvert de
velours cramoisi, lui tendit la main en riant. Rochet,
sans s'inquiéter des usages du pays, sauta au cou du
souverain, qui l'accabla aussitôt de questions sur son
voyage, sur les présents qu'il lui apportait, et qui,
voyant enfin que la fatigue accablait son ami le
Français, lui donna congé pour qu'il pût aller prendre la viande rôtie, les légumes bouillis et l'hydromel qui lui étaient préparés. Le lendemain, nouvelle
audience avec force questions, et ce fut le surlen-
demain seulement que, devant toute la cour, le voyageur étala devant Sahlé-Salassi les présents de toute
espèce qu'il avait rapportés de France.

« La troisième cour, la cour d'honneur, avait été
choisie pour le théâtre de la fête: j'y avais fait transporter les cadeaux, et je les avais disposés de manière à les montrer dans l'ordre dans lequel je sup-

posais qu'ils devaient exciter un intérêt progressif chez mes spectateurs. Je commençai par les armes grossières : cent fusils de munition parurent d'abord, puis cinquante carabines, huit carabines à percussion, cinquante paires de pistolets, cinquante sabres de cavalerie, cinquante sabres d'infanterie; des pièces de drap rouge, des tapis de laine, des étoffes de soie aux couleurs vives et variées. Je mis entre les mains du roi, qui estima particulièrement ce cadeau, parce qu'il est un excellent tireur, un fusil double, de prix, orné de dorures, qui lui était particulièrement offert par le roi Louis-Philippe. Je lui montrai ensuite des casques de cuirassier et des cuirasses brillantes; il me les fit essayer tout de suite, car les Abyssins ne connaissent pas ces armes défensives, et il fut enchanté de l'aspect martial de cette parure guerrière. Je déballai les deux canons que j'avais apportés, et je les montai sur leurs affûts de bois peints en rouge. Le roi de Choa a déjà plusieurs canons : l'ambassade anglaise lui en a donné deux de même que moi; il ne s'en sert pas encore comme instruments de guerre; mais les jours de grande fête, la détonation bruyante de ces armes lui paraît ajouter aux cérémonies solennelles un caractère de grandeur dont il est singulièrement flatté. Il était fort curieux de savoir si mes canons feraient plus de bruit que ceux de l'ambassade anglaise, et il me dit d'en tirer quelques coups : je le priai d'at-

tendre encore quelques instants, et je lui annonçai
que nous allions trouver l'occasion la plus opportune
de faire entendre les détonations formidables.

« Je ménageai alors à la curiosité de Sahlé-Salassi
une diversion qui éloigna sans peine les canons de sa
pensée. Sur mes ordres, on amena devant lui quatre
caisses. A l'air de mystère et d'importance que Sahlé-
Salassi me vit prendre, il devina sans peine qu'il
s'agissait de quelque chose d'extraordinaire. « Qu'y
« a-t-il donc là dedans ? » me demanda-t-il avec
anxiété. Je ne répoudis pas, et je continuai à dé-
pouiller mes caisses de leur emballage : de l'une
sortit le coffre d'un orgue de Barbarie; les autres
contenaient trois cylindres, qui donnaient à l'orgue
un répertoire de trente airs. J'installai un des cylindres dans l'orgue. Le roi jetait sur le mécanisme
les regards les plus scrutateurs; il se torturait inuti-
lement l'esprit pour deviner où tout cela aboutirait.
Qu'avait-il devant lui ? Était-ce une arme d'une
nature inconnue ? Était-ce un instrument utile? un
moulin à poudre ou un moulin à farine ? Je crois
qu'il s'était arrêté à l'une de ces deux suppositions,
lorsque, l'arrangement de mon orgue étant terminé,
je réclamai toute l'attention du roi et des assistants;
et au milieu du plus profond silence, tout à coup,
d'un tour de main, je donnai la voix à la caisse
mystérieuse, qui se mit à chanter, avec la plus mé-

lodieuse souplesse, la *sicilienne* du deuxième acte
de *Robert le Diable*. Le plaisir et la surprise faisaient,
sur la figure de Sahlé-Salassi et des assistants, un
dialogue muet de l'expression la plus vive et la plus
singulière. Sahlé-Salassi aurait bien voulu m'arrêter
et me demander l'explication de l'étrange miracle
qui se passait sous ses yeux; mais le charme des
sons qu'il entendait pour la première fois tenait sa
curiosité en suspens; et il craignait d'interrompre la
voix métallique et sonore. Je m'arrêtai de moi-même
après la *sicilienne*, afin de jouir de mon succès,
comme un artiste qui coupe son jeu pour donner le
signal des applaudissements. Ce fut alors que les
questions plurent sur moi : il me fallut ouvrir la
caisse de l'orgue, et expliquer de mon mieux au roi
le mécanisme de cet instrument.

« Sahlé-Salassi était au comble de la joie : il
m'exprimait par mille témoignages la plus vive re-
connaissance pour le roi des Français, qui lui avait
envoyé ces magnifiques cadeaux. Je choisis le moment
où son enthousiasme me parut le plus vif pour lui
annoncer un présent qui devait le toucher davantage encore. « Je ne t'ai montré, lui dis-je, que
des objets de mon pays; mais notre roi, pour répondre à notre amitié, t'envoie une chose plus flatteuse et plus précieuse que tout ce que tu as vu; il
t'envoie son portrait. En regardant cette peinture

de mon souverain, tu croiras le voir vivant. C'est
comme une partie de lui-même que tu auras auprès
de toi. » Je lui montrai alors le portrait du roi. Ce
fut pour Sahlé-Salassi une surprise presque égale
à celle qu'il venait d'éprouver. Les grossières pein-
tures que l'on voit sur les murs des églises d'Abyssinie n'avaient jamais pu lui donner une idée de
cette puissance que l'art a conquise, de faire descendre la vie dans les imitations de la nature. Le
relief de la figure, qui lui semblait sortir du tableau,
dérouta longtemps sa raison : il voulut prendre le
portrait sur ses genoux, et, doutant du témoignage
de ses yeux, qui tantôt lui montraient sa surface
plane et tantôt lui faisaient voir une figure humaine
avec sa forme et ses dimensions naturelles, il cherchait à saisir sur la toile des saillies apparentes qui
s'évanouissaient sous sa main, avec l'impatience
d'un enfant qui voudrait atteindre son image dans
l'eau. Puis il retournait le tableau, et cherchait derrière la toile le secret du phénomène. Ses investiga-
tions maladroites mettaient le portrait en danger :
je l'en prévins; je lui dis qu'il détruirait cette belle
peinture s'il y touchait ainsi. Il la fit alors circuler
parmi ses officiers en leur recommandant de ne pas
approcher de la toile leurs mains indiscrètes. Lorsque
les officiers l'eurent examinée, il l'envoya à la reine
Betsabèche avec les mêmes recommandations. Le

portrait revint au bout d'une demi-heure. Sahlé-Salassi le plaça sur son sérir avec les plus grandes marques de respect : « Tu as raison, me dit-il; de « tous les cadeaux que ton roi m'envoie, celui-là « est le plus précieux : c'est celui qui parle le plus « à mon cœur; j'y vois pour ma personne une « marque flatteuse de considération et d'amitié.

« — Eh bien ! lui dis-je, c'est maintenant, pour saluer l'image de mon souverain, qu'il faut tirer le canon. »

Rochet était assez embarrassé d'ailleurs de remplir pour la première fois de sa vie les fonctions d'artilleur; heureusement qu'avec le secours d'une sorte de canonnier du roi de Choa il réussit à mettre les pièces en état, les chargea outre mesure et tira : les deux premiers coups ne donnèrent lieu à aucun accident; mais au troisième la charge était tellement forte que, dans le recul de la pièce, canon et affût se renversèrent. Le roi, émerveillé du tapage, fit cesser le feu. Il reçut ensuite avec une vive satisfaction les présents que Rochet lui apportait de France en son nom personnel : des tissus, des bourses d'or, huit fusils doubles, vingt-cinq pièces de soie de diverses couleurs, six parapluies, dont un orné de franges d'or, etc., et enfin il lui permit d'aller saluer la reine et lui remettre aussi sa part de cadeaux.

« Elle n'avait pas ce jour-là une toilette différente de celle des femmes d'Abyssinie, si ce n'est
que les petites grappes entre lesquelles ses oreilles
étaient pressées étaient d'or, et que des bandes
rouges, enrichies de passementeries de diverses
couleurs, ornaient le pan de sa tunique blanche. Je
l'abordai avec la rondeur dont je me suis conquis
le privilège dans le Choa, et à laquelle j'attribuai
les sympathies que j'y ai gagnées. Je l'embrassai, et
j'embrassai après elle ses filles et ses enfants. Elle
me fit à peu près les mêmes compliments et les
mêmes questions que le roi. Elle fut enchantée des
objets que je lui apportais : parmi les soieries, elle
préféra cependant les étoffes aux couleurs unies et
vives à des étoffes plus riches et ornées de dessins.
« Nous sommes bien heureux de te revoir, dit-elle.
« D'abord on m'avait dit que tu étais mort. Plus
« tard Krapt (le missionnaire protestant) répandit
« dans le pays que ton roi avait été mécontent de
« toi, et qu'il t'avait fait jeter dans les fers. Je suis
« contente de voir qu'il n'a pas dit vrai. » Elle me
demanda ensuite si la lettre que Sahlé-Salassi avait
écrite au roi des Français avait été bien accueillie.
« J'ai bien reconnu, me dit-elle en faisant allusion
« au portrait du roi, que ton souverain est un grand
« homme et un puissant roi. — C'est le plus puis-
« sant du monde, lui répondis-je ; il gouverne le

« plus ancien royaume de l'Europe; il est le protec-
« teur des chrétiens et de Jérusalem. »

« Pendant que j'étais avec elle, elle envoya demander l'orgue à Sahlé-Salassi. Ses fils et ses filles
voulurent tous mettre la main à la magique mani-
velle, qui semblait tirer de la boîte des chants si
beaux et si nouveaux pour eux. Je quittai la reine
Betsabèche après être resté une heure avec elle. »

Cette laborieuse journée se termina par un de
ces immenses festins royaux que nous avons déjà
décrits, et par la rencontre que fit notre voyageur
des principaux membres de l'ambassade anglaise.
Cette expédition, commandée par le capitaine Harris,
avait un but à la fois politique et commercial; l'Angleterre poursuivait dès lors sur l'Abyssinie et sur
la côte orientale d'Afrique ses desseins domina-
teurs, auxquels elle a déjà sacrifié tant d'argent et
qui semblent aujourd'hui couronnés de succès. Mais
pour le moment l'ambassade avait eu peu de faveur :
la somptuosité de l'appareil dont elle s'était envi-
ronnée excita l'inquiétude des Abyssins; le roi, de
son côté, n'aimait pas les Anglais, et la reine les
détestait cordialement. Ils furent obligés de partir
quelque temps après sans avoir réussi dans leur
mission, et manquant même d'argent pour regagner
la côte.

Le roi Sahlé-Salassi souffrait vers cette époque de

rhumatisme : Rochet, qu'il consulta sur sa maladie,
lui conseilla des frictions avec la graisse d'hippopotame femelle. Ce moyen est effectivement employé
dans quelques parties de l'Afrique; mais le but du
voyageur français était ici moins de soulager le roi
que de se procurer un jeune hippopotame pour les
collections du muséum de Paris. Le roi mit à sa disposition les hommes et l'attirail nécessaires, et Rochet se dirigea vers la rivière *Tchia-Tchia*, où ces
animaux abondent, et où il espérait rencontrer ce
qu'il cherchait. Cette excursion le conduisit à travers
une des contrées les plus riches et les plus pittoresques de toute l'Abyssinie. Outre la variété et la
puissance de végétation qui règnent partout au Choa,
outre la profusion de villages et de chaumières qui
annoncent qu'une population nombreuse prospère
au milieu de cette admirable nature, le cours rapide
et encaissé de la Tchia-Tchia donne à cette région
un caractère singulier et grandiose. Cette rivière,
qui coule d'abord vers le nord-ouest, tourne ensuite
à l'ouest pour se jeter dans le Nil Bleu, et, depuis
le village de Tchia-Tchia jusqu'à la montagne Mo-
guère, elle roule rapidement dans le fond d'un ravin
d'une profondeur extraordinaire, qui coupe le plateau de Choa comme un coup de hache. A quatre
kilomètres d'Angolola, avant de se jeter dans cette
trouée gigantesque, elle a son lit à deux mille sept

cents mètres au-dessus du niveau de la mer ; quarante-huit kilomètres plus loin, vers le nord-ouest, à Got, elle n'est plus qu'à quatorze cent six mètres ; on devine par quelle succession de sauts et de rapides elle franchit cet intervalle. En plusieurs endroits la profondeur de la gorge est de treize cents mètres. Autant ce ravin doit être effroyable lorsque la rivière y roule ses eaux emportées et fougueuses dans la saison des pluies, autant ce site étrange resplendit dans la belle saison : partout où la terre végétale a pu se cramponner aux roches, on voit jaillir des touffes de verdure où se jouent et disparaissent des singes railleurs et poltrons. Le granit, le porphyre et les basaltes alternent dans les rochers ; la pente qui conduit du plateau au bord de la rivière est si rapide, que la vue plonge d'en haut jusqu'au fond du vallon en glissant sur un chaos de rochers, d'arbres et de fleurs éclatantes. Les étroits sentiers par lesquels on gagne le fond du ravin sont bordés de précipices épouvantables ; et il ne faut rien moins que l'adresse des mules d'Abyssinie pour franchir sans accident ces mauvais pas.

La chasse aux hippopotames ne fut pas très fructueuse : tandis que les chasseurs du pays, distribués sur le bord de l'eau, lançaient leurs javelots sur le cuir épais de ces monstres, Rochet, armé d'une carabine, essayait de leur loger quelques balles dans

la tête; il réussit ainsi, après de longs efforts, à tuer
une femelle, mais elle avait mis bas depuis quelque
temps. Le lendemain, il abattit encore quelques-uns
de ces animaux, sans mieux trouver ce qu'il cherchait, et, fatigué de ces efforts inutiles, il retourna
à Angolola, où, peu de jours après, il reçut des
lettres qui lui firent un plaisir infini. Ces lettres venaient de deux autres Français, M. Lefebvre et le
docteur Petit, alors engagés dans une exploration
scientifique de l'Abyssinie; elles mandaient à Rochet
que, voulant compléter leur voyage par une tournée
au Choa, les deux voyageurs s'étaient vus arrêtés à
la frontière de Guemza, et qu'ils comptaient sur son
intervention auprès de Sahlé-Salassi pour obtenir la
permission de pénétrer dans ses États. Le roi, qui
préparait alors une attaque contre les Gallas, consentit volontiers, sur la demande de Rochet, à recevoir ses compatriotes, et quelques jours après les
voyageurs se jetaient dans les bras les uns des autres.

Nous avons déjà parlé de ces Gallas, qui, envi-
ronnant de toutes parts l'Abyssinie vers le sud, con-
stituent une race aussi belle, plus vigoureuse et plus
belliqueuse, mais moins civilisée que les Amharras.
Malgré beaucoup d'analogies physiques et morales
qui rapprochent ces deux peuples, des guerres sanglantes ont eu lieu de tout temps entre eux, et le roi
de Choa poursuivait avec persévérance la politique

de son père, en tombant chaque année avec une armée considérable sur les tribus gallas divisées entre elles, en écrasant successivement chaque tribu, et lui imposant à la fois le respect de son autorité et une certaine redevance. Ce fut une de ces expéditions guerrières à laquelle assista Rochet d'Héricourt, peu de temps après l'arrivée de M. Lefebvre. L'armée que Sahlé-Salassi conduisait à la conquête des *Gallas-Soddo* et des *Betchio-Oueppe* présentait un caractère à la fois imposant et pittoresque dont les voyageurs européens furent vivement frappés ; car jamais en Europe on ne voit une réunion aussi considérable de cavaliers, jamais rien d'aussi varié et d'aussi animé. Jusqu'au lieu du rendez-vous, chaque vallée, chaque tribu, chaque village verse comme un affluent, dans le corps d'armée en marche, sa troupe d'hommes à cheval. Vingt à trente mille cavaliers, tous armés du bouclier de cuir, du sabre, de la lance aiguë, et enveloppés de leurs taubes blancs, déroulent dans la plaine une ligne qui semble toucher aux deux bouts de l'horizon. C'est surtout au moment du départ, au moment où cette masse s'ébranle, où toutes les lances s'inclinent comme des épis et brillent au soleil comme une traînée de feu ; au moment où les pelotons se croisent, où les cris se mêlent, où toute cette multitude armée s'élance dans la campagne, que la scène atteint à son plus haut degré de confusion grandiose. Le roi, couvert de ses habits les plus somptueux, monté sur un cheval richement caparaçonné, suivi de sa musique, va se placer au centre du vaste front que déploie sa cavalerie. Deux soldats marchent à côté de lui, soutenant au-dessus de sa tête un dais de velours cramoisi surmonté d'une pomme d'argent et d'une petite croix. Puis viennent des écuyers portant le bouclier couvert d'ornements d'argent; huit à dix prêtres, entre autres le confesseur du roi; des femmes chargées de la cuisine du roi; des chanteurs et des chanteuses, des trompettes qui soufflent dans une espèce de clarinette longue de plus d'un mètre; quarante hommes qui battent la marche sur de petits tambours ou timbales fixées sur les flancs de leurs mules. Enfin, à trois cents pas en avant du roi, on amène, sous l'escorte d'un peloton de fusiliers, un petit cheval qui porte dans un panier couvert de drap rouge les livres saints des églises d'Akobar. A peine ces livres, qui doivent protéger l'armée comme autrefois l'arche sainte conduisait les Juifs au combat, sont-ils arrivés, que Sahlé-Salassi donne le signal; les tambours battent, et toute l'armée se met en marche, suivie par les mules qui transportent les provisions et les tentes du roi et de ses officiers.

L'armée, réunie à *Fine-Fini* le 24 mars 1843,

comptait quarante-cinq mille cavaliers. Elle passa l'Aouache quelques jours après, et continua de marcher dans la direction du sud-ouest, où se trouvaient les Gallas qu'il s'agissait de réduire. Mais les guerriers de ces tribus, se voyant hors d'état de résister, avaient mieux aimé passer chez les tribus voisines, abandonnant leurs femmes, leurs vieillards, leurs enfants, leurs troupeaux et tous leurs biens à la discrétion de l'ennemi; de sorte qu'en débouchant dans la plaine de *Tadji-Ouanze* l'armée des Abyssins vit se déployer devant elle un immense et facile butin. Sahlé-Salassi fit arrêter ses soldats pendant quelques minutes, puis les lâcha en criant : *Enar, Ifta yédou* (Allez, que Dieu vous conduise)! et toute la troupe se rua avec fureur sur l'immense butin livré à sa cupidité et à sa férocité. Rochet assista, avec un dégoût facile à comprendre, à cette scène de vol, de carnage et de cruelles mutilations; car les mœurs des Abyssins dans ces circonstances témoignent d'autant de lâcheté que de cruauté; enfin, perdant patience, il se jeta dans la mêlée pour tâcher de sauver au moins quelques innocentes victimes.

« Je n'avais pas fait un quart de lieue sur le champ de bataille que déjà j'avais vu des vieillards expirants, des femmes massacrées avec les enfants qu'elles allaitaient... Mon sang bouillonnait, lorsque je vis deux cavaliers se précipiter à toute bride sur une femme galla qui courait éplorée. Je tirai mon sabre, et m'élançai au secours de cette malheureuse. J'arrivai auprès d'elle en même temps que les deux cavaliers : je leur ordonnai du geste de se retirer ; l'un d'eux brandit sa lance contre moi ; je lui assenai un grand coup de plat de sabre sur le visage. Son camarade se sauva, et il s'enfuit lui-même lorsqu'il fut revenu de son étourdissement. Je m'avançai vers la femme ; elle se jeta à genoux, et croisa les bras sur sa poitrine en plaçant alternativement l'un devant l'autre ses poings fermés ; c'est, chez les Gallas, l'attitude de la supplication. Je lui fis comprendre que j'étais venu pour la sauver, et qu'elle n'avait rien à craindre. Mes domestiques me rejoignirent : je fis descendre celui qui était sur ma mule, et j'y plaçai la Galla à demi morte de frayeur. »

Après plusieurs bonnes actions semblables, Rochet n'eût pas manqué d'être en butte à la haine de ses compagnons, si les exploits guerriers par lesquels il se signala dans cette journée en faisant prisonniers plusieurs Gallas ne lui eussent valu un redoublement de faveur du roi. Mais, lorsque l'armée regagna ses campements, il eut encore l'occasion de voir plusieurs traits de cruauté des soldats du Choa.

« Arrivé sur un des derniers mamelons des montagnes des Soddos, j'entendis au loin des coups de fusil, et j'appris bientôt que c'étaient des tirailleurs amharras qui faisaient feu sur de malheureux Gallas perchés sur des arbres. Je courus du côté où j'entendais cette mousqueterie... C'était au bas d'une colline entourée de genévriers. Un grand nombre de tirailleurs fouillaient ce petit bois : ils visitaient tous les arbres un à un, et à peine apercevaient-ils un malheureux tapi dans les branches qu'ils se disputaient l'honneur de le tuer. Les coups de fusil retentissaient dans le vallon au milieu d'un concert de cris féroces. Je m'approchai d'un des arbres les plus entourés; trois Gallas, me dit-on, s'y étaient blottis et servaient de point de mire aux tirailleurs. L'arbre était si élevé et ses branches si touffues, que je restai quelque temps avant de distinguer les malheureux qui s'y étaient réfugiés. Je voulus les sauver : je leur criai de descendre, que j'étais le chef, que je leur rendrais la liberté. Rien ne put les convaincre; ils demeuraient impassibles, cramponnés aux plus hautes branches, sans faire un mouvement, sans prononcer une parole. Je voulus monter sur l'arbre, espérant que de près je réussirais mieux à leur inspirer de la confiance. Mais, au moment où j'embrassais l'arbre, un coup de fusil partit, et un de ces malheureux tomba raide mort à mes pieds. Tous les soldats se précipitèrent sur le cadavre pour le mutiler, une lutte s'engagea sur le corps mort, tous se disputaient à coups de sabre le trophée ; je fus moi-même obligé de tirer mon sabre pour me faire jour à travers cette meute furieuse. »

Cette seule affaire ayant terminé la campagne contre les Gallas, le roi se remit en route pour Angolola, et la précipitation de son retour fut telle, qu'il ne cessa de marcher à grandes journées malgré une pluie affreuse, dont Rochet et Lefebvre souffrirent beaucoup. Le butin de cette campagne s'élevait à quatre-vingt-sept mille têtes de bétail, sans compter de nombreux prisonniers, dont Rochet obtint la mise en liberté et le retour dans leur pays. La faveur du voyageur français était alors à son apogée : il fut nommé par le roi *challaga*, c'est-à-dire gouverneur ou général, et l'on composa des poésies pour célébrer ses exploits; Sahlé-Salassi lui offrit même le gouvernement d'une province s'il voulait demeurer auprès de lui; mais déjà l'idée du retour fermentait dans la tête du voyageur, et le départ pour Gondar de MM. Lefebvre et Petit, en lui faisant sentir davantage son isolement, acheva de le déterminer à quitter le Choa pour regagner l'Europe.

Rochet se rendit donc au village d'Aleyou-Amba, dans la province d'Efat, où se tient une espèce de foire ou de marché de tous les articles de commerce de l'Afrique orientale, et où il pouvait se procurer les marchandises nécessaires pour traverser de nou-

veau le pays des Adels. C'est là qu'on rassemble le
café, le coton, le tabac, les esclaves venant de l'intérieur, et qu'on les échange contre les verroteries,
les cotonnades et les soieries qui arrivent de la mer
Rouge. La monnaie qui sert à ces transactions est
fort curieuse : ce sont des pièces de sel taillées en
ellipse, longues de cent à cent trente millimètres et
de vingt-sept millimètres d'épaisseur ; ces pièces
de sel ont dans le pays le nom d'*amoulehs;* il en
faut vingt pour représenter un *talaro*[1]. Mais on
comprend fort bien qu'une telle monnaie ne puisse
rester longtemps intacte : l'humidité, surtout dans la
saison des pluies, les dissout rapidement, malgré la
précaution qu'on a de les enfouir dans la cendre,
et alors, n'ayant plus le poids légal, les amoulehs ne
sont plus reçus que pour leur valeur réelle en sel.
Les bestiaux ne se vendent pas cher au marché d'A-
leyou : on peut avoir un beau mouton pour cinq
amoulehs (1 fr. 25 c.), un bœuf pour soixante-dix
amoulehs (18 fr.), etc.

Cette excursion donna l'occasion à Rochet d'Héricourt de visiter une source d'eau thermale, où il
tua deux léopards, à la grande joie des habitants du
pays. Malgré les nouvelles instances du roi pour le
retenir, il prit congé du prince et de sa femme, reçut

---

[1] Le *talaro* vaut environ cinq francs.

les adieux de tous ses amis africains, et se dirigea de nouveau vers Tadjourrah, en suivant à peu près la même route qu'à son arrivée. Quelques épisodes sans conséquence marquèrent ce retour ; les lettres que Rochet avait adressées en France pendant son séjour au Choa, avaient été déchirées et distribuées comme des talismans aux Danakiles par un porteur infidèle. Plus loin il retrouva la Bédouine Néfiz, et enfin, après une marche forcée, il atteignit Tadjourrah, d'où il se rendit à Zeïla, à Aden, à Moka, et rentra en France par l'Égypte, à la fin de 1845.

Rochet d'Héricourt est mort consul de France à Djeddah, en 1854.

CHAPITRE IV

BURTON ET SPEKE (1856-1859)

§ 1

Description de la côte de Zanguebar. — L'île et la ville de Zanzibar. — Mombas, Pangani.

Depuis le cap Félix (*Ras-el-Felix*) jusqu'au cap *Delgado* (10° sud de l'équateur), la côte orientale d'Afrique présente un grand arc, qui tourne sa concavité vers l'océan Indien. La partie de cette côte qui descend jusqu'à l'équateur est, jusqu'à une assez grande distance de la mer, basse et d'apparence sablonneuse et stérile. Cette région est, du reste, fort peu connue : on sait qu'elle est habitée en partie par les sauvages Gallas, les *Çômalis,* qu'elle est sillonnée par des caravanes marchandes, qui commercent jusqu'au pays de Kaffa ; que des cours d'eau peu nombreux l'arrosent, et que ces cours d'eau semblent descendre d'un immense pâté montagneux, dont les premières ondulations se dessinent dans le lointain vers l'ouest. Un capitaine anglais affirme avoir vu, de la haute mer, des neiges couronner ces cimes mystérieuses. Le premier cours d'eau que l'on rencontre, et qui débouche sous l'équateur, est le *Djub,* rivière importante, mais très peu connue, qui s'alimente sans doute de ces neiges éternelles. Un Anglais, M. Short, a remonté ce fleuve sur une assez grande étendue, et plus tard, peut-être, ce sera la route la plus sûre pour atteindre aux sources du Nil.

Si l'on continue à descendre vers le sud, l'aspect change. La mer vient mourir au pied d'une côte basse, fertile, embellie d'une puissante végétation ; à très peu de distance de la côte, le sol s'élève assez rapidement, et se hausse par des gradins successifs jusqu'à un plateau immense, connu de vieille date sous le nom de *Mukaranga,* de telle sorte que, vu de la mer, le pays présente l'aspect d'une chaîne de montagnes courant parallèlement à la côte. Les

pentes de ce plateau sont aussi très boisées, coupées
d'un grand nombre de vallées perpendiculaires à la
côte, par où se précipitent à la mer une foule de
rivières plus ou moins importantes dont les rives
sont chargées de l'opulente végétation des tropiques.
Ce sont le *Dana*, le *Sabaki*, non loin de l'ancien et
célèbre port de Mélinde, le *Pangani*, le *Kingani*, le
Lufidschi et la *Rouwouma ;* la saveur des eaux de
quelques-unes de ces rivières fait supposer qu'elles
proviennent de la fonte des neiges, et, en effet, les
missionnaires anglicans Krapf et Rebmann ont rencontré, à une grande distance des côtes, de hauts
sommets, dont les principaux sont désignés par les
gens du pays sous les noms de *Kilimandjaro* et de
Kénia, et qui sont couverts de neiges éternelles.
Le pays montagneux et élevé s'appelle, au nord,
Oukambani, plus au sud, *Djagga*, et enfin, *Ousambara ;* puis, plus loin, vers l'ouest, le haut plateau
prend le nom d'*Ouniamouézi,* et se perd dans les té-
nèbres de l'Afrique inconnue. C'est dans cette région
de l'Ouniamouézi que des renseignements anciens
et constants mentionnaient l'existence de grands
lacs, de vastes nappes d'eau alimentées par les pluies
tropicales, et donnant elles-mêmes naissance à des
fleuves importants. Les caravanes qui partent tous
les ans de la côte, à *Tanga ;* à *Quiloa* et à *Bagamoyo,*
pour aller dans l'intérieur à la recherche de l'ivoire,

des esclaves et autres objets de commerce, s'accordaient toutes à raconter que leurs différentes routes aboutissaient à des lacs, qu'il fallait traverser sur de grandes barques, et dont la largeur était considérable. L'existence de semblables réservoirs extérieurs, outre l'intérêt géographique qu'elle présente, devait faire supposer des relations commerciales suivies, et un pays largement enrichi de tous les produits tropicaux; ce fut là ce qui décida le gouvernement anglais à confier une mission exploratrice à deux officiers de l'armée des Indes, le capitaine Burton et le capitaine Speke; cette mission sera l'objet des chapitres suivants.

La région basse qui confine immédiatement à la mer porte le nom de *Mrima;* elle se distingue par une fertilité inouïe et par son insalubrité. Il est impossible à un étranger d'y séjourner sans être pris par la fièvre. Sous le nom général de *Sahoua-hili,* une race mêlée de sang nègre et de sang arabe couvre cette côte sur une grande longueur, et peuple également quelques grandes îles situées en face du continent, telles que *Pemba,* remarquable par sa belle végétation, et *Zanzibar,* la plus étendue et la plus florissante, où réside un souverain dont l'autorité s'étend également sur toute la côte que nous venons d'esquisser.

La ville de Zanzibar, résidence du prince, est

très moderne, et compte néanmoins déjà cinquante
mille habitants dans la saison de la grande activité
commerciale, car cette ville est le principal marché
de l'Afrique orientale. Les Arabes, les Européens,
des marchands indiens, s'y livrent à un commerce
actif d'ivoire, d'esclaves, de peaux, de divers produits tropicaux, qui viennent du continent s'échanger
contre des étoffes ou des perles de verre, et de là sont
transportés aux Indes, à Suez et jusqu'à Hambourg.

Les rues de la ville sont étroites et tortueuses : les
quartiers des Européens, grâce aux canaux d'écou-
lement qu'on y a pratiqués, brillent par la propreté
et la pureté de l'air ; celui des Arabes s'en rapproche ;
mais le centre de la ville, où se presse la population
noire, est un véritable bourbier fétide. Les maisons
arabes, d'une blancheur éblouissante au dehors,
sont disposées au dedans comme celles que les
Maures ont laissées en Espagne. Plus une maison est
haute, plus sont massifs les clous qui garnissent ses
portes, plus gros est le cadenas qui les ferme, et plus
se manifeste la dignité du propriétaire. Une inscrip-
tion religieuse au-dessus de l'entrée principale pro-
tège les occupants contre les maléfices, tandis qu'une
forte chaîne de fer les garantit contre les voleurs.
Il n'est pas jusqu'aux petits trous carrés pratiqués
dans le haut du mur qui ne soient soigneusement
grillés.

Vers le milieu de la ville, du côté de la mer, s'élève le fort : il consiste en des remparts crénelés flanqués de tours rondes. En avant se déploie une batterie de vingt canons, dont les embrasures sont si rapprochées, qu'une seule salve suffirait pour faire crouler tout le mur d'appui. Il y a quelques années, on tenta l'épreuve délicate de décharger un de ces canons : le recul fut si violent, que la pièce brisa son affût en écrasant deux malheureux esclaves qui faisaient l'office d'artilleurs. En résumé, l'équipage d'une chaloupe suffirait pour enlever la fameuse citadelle de Zanzibar, qui, dit-on, fut prise un jour par un seul matelot américain. Cet homme, ivre, et voulant délivrer un de ses camarades arrêté à la suite d'une querelle, s'élança sur la garde un coutelas à la main, la culbuta sans verser une goutte de sang, et s'en alla triomphant parader sur le rempart.

Dans l'intérieur du fort se trouve la seule prison de Zanzibar, prison amplement pourvue de ceps, de chaînes, de carcans et de ceintures de fer; ce qui n'empêche pas les nègres que l'on y enferme d'y chanter jour et nuit. Les autres monuments publics, y compris les mosquées et le palais lui-même, sont très insignifiants.

Sur la côte, en face de l'île de Zanzibar, les principales stations commerciales, dont plusieurs furent des villes florissantes au temps des Portugais, sont

Mombas, Tanga, Pangani, Bagamoyo. Mombas, déjà célèbre par ses richesses et son commerce en 1330, fut conquise par les Portugais en 1505, puis enlevée aux Portugais par les Arabes en 1698. Cette ville, aujourd'hui soumise au *sazzid* (prince) de Zanzibar, est bâtie sur une île de corail tout près de la terre ferme ; le canal intermédiaire lui sert de port. Outre quelques églises ruinées, les Portugais ont laissé à Mombas un grand fort qui commande le mouillage : c'est un vaste édifice d'une belle couleur dorée, dont les longues courtines flanquées de tours rondes, les donjons carrés et les dômes intérieurs entourés d'arbres, offrent l'aspect le plus pittoresque. En face sur le continent, au delà du détroit, dont l'eau est bleue et transparente, se déploient d'immenses vergers d'une végétation luxuriante et magnifique : en somme, tout se réunit ici pour charmer les yeux du voyageur. A quelques lieues au nord de Mombas se trouve le village de *Rabbai Mpia*, où les missionnaires anglicans de la société de Londres, MM. Krapf et Rebmann, avaient construit une demeure très belle pour le pays, et avaient installé une mission qui a dû depuis être abandonnée, après un insuccès complet.

Tanga est un bourg de quatre à cinq mille âmes, entouré de bosquets de cocotiers et de calebassiers, sur une falaise qui domine la mer ; c'est le point de départ des caravanes qui se rendent vers le nord au pays des Masaï.

Pangani, ville située à l'embouchure de la rivière du même nom, est à peu près à égale distance entre Tanga et Zanzibar, dans une situation ravissante. La rivière coule au pied des terrasses, bornée au nord par des bosquets de cocotiers, et au sud par de hautes falaises. Au fond de la vallée, entre les rives chargées de la puissante végétation des tropiques, se montrent des montagnes bleuâtres, et de l'autre côté se déroulent les flots azurés de la mer que parsèment de petits rochers noirs. Quelques kiosques ou minarets, éparpillés sur les bords du fleuve, permettraient de le comparer à ce détroit sans rival qu'on nomme le Bosphore. Il existe à Pangani quelques maisons en pierre; les autres ne sont que des huttes de roseaux, où font parfois invasion des léopards qui habitent la forêt voisine. Le fleuve fourmille de crocodiles, qui emportent journellement des enfants aventurés sur le rivage. Bagamoyo et Quiloa, plus au sud, présentent une situation et des avantages analogues.

§ 2

VOYAGE DE BURTON ET SPEKE DANS L'OUSAMBARA

Arrivée à Zanzibar. — Excursion à Mombas et à Pangani. — Visite au sultan Kimwere à Fuga. — Retour.

Le 2 décembre 1856, le navire de guerre *Elphin-*

stone quittait Bombay, emportant vers la côte d'Afrique les capitaines Burton et Speke, deux hardis voyageurs, déjà familiarisés avec les explorations africaines, qui allaient essayer de pénétrer au cœur du continent par une route nouvelle.

Le 18 décembre, on était déjà en vue de la côte de Zanguebar, dont l'aspect enchanteur est ainsi décrit par Burton : « L'océan Indien, que brise au couchant une raie d'écume chargée de détritus de coraline et de madrépores, découpe le rivage, y forme des criques, des marigots, où, après avoir épuisé leur furie contre les banquettes de sable et des rochers noirs, les vagues s'endorment au sein d'eaux mortes, pareilles à des nappes d'huile. Bien qu'à peine au-dessus du niveau de la mer, les pointes et les îlots formés par ces courants n'en sont pas moins chargés d'une végétation luxuriante. Des forêts de mangliers couvrent les bords des lagunes ; à la marée basse, l'amas conique de racines qui supporte chaque arbre est mis à nu, et montre les jeunes scions terminés par des grappes d'un vert brillant. Les fleurs lilas et les feuilles charnues d'une espèce de convolvulus retiennent le sable, qui est d'un blanc pur, et des huîtres sont appendues à la base des palétuviers. Au-dessus de l'Océan, le rivage forme une épaisse muraille de verdure, et des groupes de vieux arbres chauves, inclinés par les moussons, indiquent la position des établissements qui s'éparpillent sur la côte. Çà et là des monticules dénudés percent le manteau vert du sol, en varient la couleur uniforme de leur teinte ferrugineuse, et derrière cette bande d'alluvion, qui a une largeur de quatre à cinq milles, se dresse une ligne de collines bleues que l'on aperçoit même de Zanzibar. A cette esquisse ajoutez le bruit des vagues, le cri des oiseaux de mer, le bourdonnement perpétuel des insectes, qui s'apaise au coucher du soleil ; et dans le profond silence des nuits du tropique, le mugissement du crocodile, le cri du héron nocturne, les clameurs et les coups de feu des naturels, qui, aux grognements qui se font entendre, reconnaissent que l'hippopotame quitte la berge pour aller visiter leurs récoltes. »

Tel est l'aspect général de la Mrima.

Après une courte visite à l'île de Tumbatu, où la tribu des Makhadins vit dans un mahométisme grossier mêlé de superstitions païennes, et un coup d'œil jeté sur Pemba, l'île riante que les Arabes appellent l'île d'Émeraude, les premières brises odorantes et fiévreuses émanées de la côte vinrent baigner l'atmosphère du navire, et le 20 décembre on jetait l'ancre devant la ville de Zanzibar.

Les voyageurs furent reçus avec la plus vive sympathie par le consul de la reine d'Angleterre, le colonel Hamerton, Irlandais, homme énergique et

persévérant, auquel les Européens doivent la fin des
avanies de toute espèce que leur infligeaient les
Arabes de Zanzibar. Le colonel apprit à Burton que
leur protecteur, le prince Saïd, venait de mourir
quelques jours auparavant : ce prince, fort regretté
d'ailleurs par les Européens, auxquels il était favorable, présentait un singulier mélange de qualités
intelligentes et de préjugés sauvages. « Il croyait
fermement aux fétiches africains et aux enchanteurs
arabes qui savent opérer des métamorphoses. Quand
il vit le colonel Hamerton atteint par la fièvre, il alla
planter à la porte du malade, avec un clou d'argent,
un carré de papier sur lequel un prétendu saint avait
tracé quelques lignes, croyant par là écarter les
esprits malfaisants. La société des antiquaires du
Nord lui adressa un jour un diplôme de membre
honoraire : il le refusa, ne voulant pas, disait-il,
faire partie d'une association qui ouvrait les tombeaux et en extrayait les cadavres. Il était tellement
incapable de comprendre les affaires de l'Europe,
que, jusqu'au jour de sa mort, il demeura persuadé
que le roi Louis-Philippe avait emporté dans son
exil (comme il l'eût fait lui-même) tous les trésors
de la France, ainsi que toute la flotte française.
Enfin il ne concevait pas l'existence d'une répu-
blique; « car alors, répétait-il, à qui ferait-on
donner la bastonnade? » Néanmoins sa mort fut

une grande perte pour les deux étrangers, et le colonel Hamerton les engagea, vu les circonstances politiques résultant de cette mort, et vu la saison peu
favorable, à différer leur départ pour la grande expédition, et à passer quelques mois à s'acclimater en
parcourant la côte. Burton se décida à suivre ce con-
seil : il engagea comme guide et comme intendant un
certain Saïd-bin-Salim, petit Arabe délicat, et dé-
pourvu d'énergie, mais honnête et probe, ce qui
constituait une exception précieuse dans le pays. Avec
cette nouvelle recrue, les deux officiers anglais s'embarquèrent sur une felouque arabe, *le Riami*, et le
16 janvier 1857 ils jetaient l'ancre à Monbas, au milieu d'un grand concours de curieux, qui de la plage
leur demandaient des nouvelles ; au milieu des négresses occupées à se laver dans la mer, et des négrillons qui couraient sur le sable en répétant d'une
voix perçante : *Mzungu! Mzungu* (homme blanc)!

Ils restèrent peu de jours à Monbas, et en profitèrent pour visiter, au milieu des montagnes, à quelque distance de là, le missionnaire anglais M. Rebmann, qui, acclimaté et aguerri par de longues
excursions dans l'intérieur du continent, leur donna
d'utiles renseignements. De Monbas, Burton et
Speke revinrent à Tanga, à Pangani, où ils firent
leur entrée avec une certaine pompe ; car c'est de là
qu'ils se proposaient de partir pour leur premier

voyage dans l'Ousambara. Au milieu d'intrigues de toute espèce, causées par la rapacité et la mauvaise foi des habitants de Pangani, ils firent secrètement leurs préparatifs et s'embarquèrent sur la rivière de Pangani, pour remonter jusqu'à un poste nommé Chogway, et de là atteindre le village de Fuga, où réside le sultan Kimwere, à qui ils se proposaient de rendre visite.

Pendant quelques jours, la barque montée par Burton et Speke remonta silencieusement le fleuve, large et calme près de son embouchure, mais coupé un peu plus haut par de petites cataractes. « La navigation était lente et pénible, dit Burton, et pourtant non dépourvue de charmes. Nous avions échangé les paysages gracieux du bord de la mer contre des aspects nouveaux et plus fortement caractérisés. L'hippopotame, dressant sa tête au-dessus du courant, hennissait en nous regardant d'un air farouche, puis se replongeait dans la profondeur des eaux. Éveillé par le bruit de nos rames, le hideux alligator faisait sur la vase du rivage quelques pas marqués par l'empreinte de son horrible griffe; puis, s'arrêtant immobile comme un tronc d'arbre jauni, il nous mesurait de son œil vert, perçant et profondément enfoncé. Des singes bondissaient au haut des arbres; au-dessous, des hommes et des femmes, aussi sauvages en apparence, se livraient à la pêche avec des filets grossiers. Le ciel, d'un bleu éclatant, se réfléchissait dans l'eau par une teinte plus foncée. Une brume légère, tempérant l'excès de la lumière, adoucissait les contours des objets. Un épais feuillage, offrant toutes les nuances du noir, du vert, du jaune, du rouge, couvrait les deux rives. On remarquait entre autres, parmi les arbres, le *nakhl Sheytan*, le dattier de Satan, espèce de palmier nain par la hauteur et géant par son développement horizontal, qui projette gracieusement au-dessus de l'eau des branches grosses comme la cuisse d'un homme et longues de douze à quinze mètres. Du milieu du tapis de sombre verdure qui s'étale sous le bois, s'élancent de beaux lis d'une blancheur éclatante; çà et là apparaissaient quelques traces de la présence de l'homme; mais partout néanmoins régnait cet éternel silence de l'Afrique, profond et triste, qu'interrompaient seulement le cri du courlis et le bruit léger de la brise, qui, descendant graduellement du sommet des arbres à travers le feuillage, venait expirer à la surface paisible de l'onde sur laquelle nous flottions. »

Ce fut au milieu de ces paysages sans cesse variés que les voyageurs remontèrent le Pangani, tantôt à la perche, tantôt à la rame, jusqu'à ce que le soleil couchant teignît de ses rayons un grand rocher blanc qui, baigné par les flots à sa base, montrait sa cime couronnée d'arbres antiques. La tradition l'appelle le *Pir de Wasin,* et l'on raconte que c'était autrefois un cheik arabe de noble race, qui, conduisant une troupe de fidèles musulmans, fut attaqué en ce lieu par une armée de païens féroces; pour s'épargner la honte d'une défaite, il força la terre de s'entr'ouvrir et de l'engloutir avec ses soldats. Le Pir de Wasin n'entend pas que l'on coupe les arbres de son sommet. Les fidèles qui, pour l'honorer, vont faire cuire des aliments sur sa tombe et s'en nourrir, doivent éviter ensuite de se lécher les doigts, sous peine d'être livrés aux génies malfaisants qui grondent sans cesse autour du rocher. Jamais les Beloutchis[1] ne franchissent ce passage sans jeter dans le courant une poignée de feuilles, quelques balles ou de la poudre.

La marée, encore sensible en cet endroit du fleuve, poussait les voyageurs avec une vitesse périlleuse : ils s'arrêtèrent et descendirent à un petit village où on leur fit très bon accueil. « Assis sous de beaux arbres, nous goûtâmes délicieusement le charme d'une belle nuit dans la forêt. La lune perçait le feuillage de ses rayons argentés; les étoiles semblaient autant de lampes d'or suspendues dans l'espace; Vénus brillait au zénith. Des mouches luisantes vol-

---

[1] On donne ce nom à des soldats recrutés en Asie, et armés de mousquets, qui forment une sorte de corps d'élite attaché à la personne du prince de Zanzibar.

tigeaient autour de nous, tantôt paraissant toutes à la fois, tantôt disparaissant comme d'un commun accord. A nos pieds coulait l'eau noire du fleuve, mêlant son murmure au bruit mélancolique du vent qui agitait le feuillage, tandis que le rugissement des bêtes féroces au fond des forêts venait par intervalles compléter le charme majestueux de cette scène. A minuit on reprit la barque, et l'on ne tarda pas à arriver à Chogway, où l'on se reposa quelques heures. Chogway est un poste fortifié, bien situé dans les montagnes, et commandant les défilés qui mènent à l'Ousambara : il est occupé par une garnison de soldats beloutchis, qui le gardent pour le compte du prince de Zanzibar. »

Le *jémadar* qui commandait à Chogway prêta aux voyageurs une petite escorte de soldats et d'esclaves porteurs, et ceux-ci commencèrent à gravir les rampes escarpées qui mènent au pays d'Ousambara. Après quelques retards et quelques désagréments résultant de l'indocilité des soldats, on atteignit le village de Kohoday, commandé par un chef nommé Sultan-Momba. Ce village, bâti par des cultivateurs nègres sur la rive droite du Pangani, caché par un épais rideau d'arbres, de buissons et de hautes herbes, offre un aspect solitaire et charmant. Afin de se garantir contre les attaques des hommes et des bêtes fauves, les habitants ont entouré leur bourgade d'une forte palissade, qu'au besoin ils peuvent doubler ou tripler. Dans l'intérieur de l'enceinte, où l'on pénètre par d'étroites ouvertures de forme triangulaire, on trouve de petites huttes, les unes carrées, les autres rondes, autour desquelles circulent des vaches, des chèvres et des moutons, qui tous prospèrent dans l'air vivifiant de la montagne.

Le voyage continua par des sentiers pénibles, escarpés, et à travers des pluies torrentielles, comme le sont toujours celles qui inaugurent la saison pluvieuse en Afrique. On rencontrait çà et là des villages dont les habitants, peu farouches, arrêtaient à chaque pas les voyageurs pour en obtenir des nouvelles; car rien n'égale la curiosité des nègres de cette partie de l'Afrique. Enfin l'on arriva au pied des montagnes où se cache Fuga, terme du voyage, et ce fut par des sentiers de chèvres que les intrépides aventuriers durent arriver au défilé qui y conduit. Là un immense paysage se découvrit à leurs yeux.

« Bientôt les villages se montrèrent, perchés comme des nids d'aigles sur le sommet des montagnes, et nous vîmes les habitants se réunir à notre approche. Arrivés au point le plus élevé de notre route, nous fûmes étonnés de ne point apercevoir de plateau : il n'y avait devant nous qu'une foule de cônes arrondis, revêtus de gazon et sillonnés de sentiers dont l'argile rouge se détachait sur la verdure. Des bois couvraient la plupart des pentes; dans les ravins, des marais traversés par des ruisseaux. Au nord-ouest, de hautes montagnes bornaient l'horizon. Nous étions alors à treize cents mètres au-dessus de la mer, et à soixante kilomètres de la côte à vol d'oiseau.

« Une lieue plus loin, au détour d'un sentier, se dressa subitement devant nous, au sommet d'une éminence, un amas de huttes coniques, couvertes en chaume : c'était Fuga. Nos Beloutchis, se formant en ligne, exécutèrent une décharge qui attira hors des habitations la population tout entière.

Conduits dans des huttes destinées aux étrangers, les voyageurs attendirent l'audience du sultan, dont l'accueil plus ou moins favorable dépendait des conseils du *mganga*. Le mganga est, parmi les nègres de cette partie de l'Afrique, un personnage redoutable qui réunit le triple caractère de prêtre, de devin et de médecin. On le retrouve sous des noms divers chez un grand nombre de peuples sauvages, surtout parmi ceux de l'Afrique centrale, chez qui il exerce principalement la mission de faire tomber la pluie. C'est aussi lui qui asperge l'étranger suspect avec une queue de vache trempée dans du sang de mouton, ou dans quelque autre liquide d'égale puissance; c'est lui qui, auprès des mourants, crache par terre et recommande leur âme à Dieu; c'est lui

qui écarte du lit des malades les génies malfaisants ;
c'est lui qui marque de certains signes magiques le
précieux ivoire expédié vers la côte, et le préserve
par là de tout accident ; c'est lui qui, lorsque le chef
perd la santé par suite de quelque prétendu maléfice, découvre les coupables en les forçant de baiser
un fer rouge qui ne brûle jamais les lèvres de l'in-
nocent, etc. On voit combien est grande la puissance
des mganga, qui, heureusement pour l'étranger,
sont fort sensibles aux biens de ce monde, et dont
on peut acheter la bienveillance au prix de quelques
présents.

Le jour même de leur arrivée, Burton et Speke
furent introduits dans la hutte royale, située sur un
petit mamelon à quelque distance de la bourgade.

« Le sultan se leva de sa couche lorsque nous
entrâmes, et nous fit asseoir devant lui sur de petits
tabourets. C'était un vieillard arrivé au dernier degré de la décrépitude. Sa maigreur était extrême ;
sa tête était rasée ; son visage, sillonné de rides profondes, n'avait pas de barbe ; ses paupières étaient
rouges, et ses mâchoires édentées ; ses mains et ses
pieds étaient couverts de taches lépreuses. Son vêtement royal se composait d'un sale bonnet et d'un
jupon de drap tout usé : pour surtout, il portait un
manteau de coton doublé. Le tapis de Perse sur lequel
il s'appuyait semblait aussi vieux que sa personne.

L'intérieur de sa hutte n'avait rien qui la distinguât, si ce n'est qu'elle était remplie de dignitaires, dont quelques-uns s'occupaient à éventer le maître, tandis que les autres causaient entre eux. Tous étaient munis de longues pipes à fourneaux d'ivoire... On avait dit au vieux sultan que nous examinions les étoiles, les arbres et les pierres ; c'est pourquoi il nous chargea de lui composer un breuvage capable de lui rendre la jeunesse, la force et la santé. Je répondis que toutes nos drogues étaient restées à Pangani ; mais il répliqua que nous pouvions bien trouver dans la montagne les herbes convenables.

« De retour à notre gîte, nous envoyâmes au sultan notre cadeau, en retour duquel nous reçûmes un beau bœuf, un panier plein de gâteaux du pays, et une provision de bananes vertes assaisonnées de petit-lait. Nos Beloutchis s'empressèrent de dépecer le pauvre bœuf, dont ils mangèrent la chair avec une telle avidité, que tous furent plus ou moins indisposés. Notre nuit fut calme, et nous trouvâmes fort doux de nous sentir à l'abri, tandis que la tempête sévissait au dehors.

« Le sultan Kimwere, ou *Lion du Seigneur*, règne en véritable despote, vendant son peuple aux marchands d'esclaves, et prélevant la grosse part sur tous les cadeaux ou bénéfices quelconques que reçoivent ses sujets. Il entretient une garde de quatre cents mousquetaires, qu'il appelle ses Anglais, et son principal privilège est d'avoir trois cents femmes, dont chacune possède une hutte et des esclaves. Il a environ quatre-vingt-dix fils, dont plusieurs sont devenus musulmans, tandis que lui-même est resté païen. »

Fuga, bourg principal de l'Ousambara, contient environ trois mille âmes. Les huttes y ont cette forme circulaire que l'on observe dans toute l'Afrique intérieure, de Harar à Tombouctou. Les Ousambaras sont une race noire mêlée de sang arabe, comme l'indique la couleur brune de leur peau. Ils sont petits et vigoureux; ils ont la tête rasée et les pieds nus. A part les talismans qu'ils portent attachés à leur cou, à leurs chevilles ou à leurs poignets, ils n'ont pour vêtement qu'une sorte de blouse et une pièce d'étoffe roulée autour des reins. Un couteau est passé dans leur ceinture de corde, et jamais ils ne sortent de chez eux sans leur pipe, leur arc et leurs flèches. Les femmes, outre les talismans, se parent de grands colliers de verroteries blanches, qui pèsent quelquefois jusqu'à plusieurs livres. Leur vêtement consiste en une chemise nouée sous les bras et tombant jusqu'à la cheville. Tandis que les hommes et les jeunes gens travaillent aux champs, font paître le bétail, se livrent à la chasse du daim et de la pintade, les femmes s'occupent des soins du ménage; elles nettoient la hutte, vont chercher le bois, écrasent le grain dans des mortiers, font cuire le pain, et portent le marmot sur leurs épaules. La viande est un objet de luxe. Le lait est aussi un aliment assez rare : car, ainsi qu'on l'observe chez tous les peuples sauvages, les vaches n'en donnent qu'une très petite quantité et fort irrégulièrement. En résumé, les Ousambaras, vivant au milieu des brouillards des montagnes, forment un peuple timide, mélancolique et dégradé, comme le sont en général ceux qui ont quitté la vie pastorale pour le travail des champs.

Cependant on était en plein dans la saison des pluies, et l'escorte des officiers anglais était incapable de supporter l'humidité et le froid du climat; on prit congé, le 16 février, du vieux sultan, qui vit partir avec douleur les étrangers sur qui il avait compté pour se rajeunir. Le retour ne fut marqué que d'incidents insignifiants; le 20 février, après avoir traversé Kisanga, l'on arriva aux cataractes de la rivière. Sortant d'une épaisse forêt tropicale, le courant se partage là en trois bras séparés, qui se précipitent du haut d'une muraille de rochers bruns. Celui du milieu est brisé dans sa chute par une saillie des roches, qui forme la seconde cataracte. Ces chutes sont imposantes pendant la saison des pluies.

A Chogway, les deux voyageurs tuèrent six hippopotames, non sans quelques accidents, dont l'un est raconté comme il suit par le capitaine Burton :

« Mon compagnon et moi nous nous étions postés aux deux bouts d'un léger canot, dont Sidi-Bombay [1], toujours brûlant d'ardeur, s'était constitué l'unique rameur. Pour le cas d'une attaque des amphibies contre notre frêle embarcation, nous avions pris soin de nous attacher aux deux pointes du canot avec nos bandoulières. Or voici qu'un jeune hippopotame, avec une imprudence que son âge eût dû lui faire pardonner, montre sa tête au-dessus de l'eau. Le capitaine Speke, d'une balle, lui fait sauter le crâne. La mère, furieuse, paraît, lance un regard justement irrité au meurtrier; qui rechargeait tranquillement son arme, pousse un hennissement effroyable, plonge au moment où le fusil fatal s'abaissait de nouveau, puis vient frapper notre esquif en dessous avec tant de violence, que la proue se trouve subitement en l'air. A ce choc soudain, Bombay, avec la grâce d'une grenouille, décrit une parabole inattendue, et retombe juste sur le dos de la bête enragée. Celle-ci, qui en veut surtout au canot, s'élance de nouveau contre lui, lorsque Speke, qui s'est raffermi sur ses pieds, lui envoie dans le flanc une balle bien ajustée qui la contraint à la retraite. Bombay, heureusement délivré, grimpe à bord comme un

---

[1] Nègre au service de Speke, dont nous parlerons plus loin.

singe, et rame avec l'ardeur de la vengeance contre le monstre, qu'on entrevoit encore un instant, mais qui bientôt, se sentant mortellement blessé, plonge de nouveau, comme le fait toujours en pareil cas l'hippopotame, en laissant après lui une longue traî-née de sang. Le courant l'emporte entre deux eaux; il est perdu pour nous, et ce sont les sauvages ou les alligators qui en profiteront. »

Quelques jours après, Burton et Speke étaient à Pangani, où la fièvre les saisit avec une telle vio-lence, qu'ils eurent tout au plus la force de monter à bord d'un navire qui les porta à Zanzibar. C'est ici le lieu de dire quelques mots de cette terrible fièvre africaine à laquelle pas un Européen n'échappe, depuis l'Algérie jusqu'au cap de Bonne-Espérance, et depuis le Sénégal jusqu'à la pointe du cap Félix.

L'action directe des rayons solaires est ce qui donne les premières atteintes : ce fut entre Chogway et Pangani que Speke, faisant des observations au sextant sur le sable humide, ressentit le premier accès de fièvre; son compagnon fut pris peu de temps après. L'attaque commence par un abatte-ment général; les membres sont lourds, la tête s'entreprend, un dégoût profond se fait sentir, en même temps qu'on éprouve dans tous les membres une sensation désagréable de froid, et qu'une vive douleur se porte aux épaules. Après cela arrivent des frissons avec un mal de tête affreux, sensation de feu au visage, engorgement des veines, accablement et impossibilité de se tenir debout. Les yeux sont brûlants et douloureux lorsque le malade s'efforce de les ouvrir ; le pouls est précipité, la langue chargée. L'appétit manque tout à fait ; mais une soif inextinguible oblige le malade à boire sans cesse. Les nuits sont pires encore que les jours ; le délire vient ensuite ; mais à aucun prix l'on ne doit se laisser saigner : une saignée serait infailliblement mortelle. Chez Burton les accès venaient régulièrement à trois heures du matin et à trois heures du soir : dans les intervalles, il s'administrait de la quinine, dont on doit avoir le soin de se munir. Lorsque la maladie prend mauvaise tournure, les symptômes s'aggravent, la tête s'égare tout à fait ; puis vient une amélioration apparente, que suivent immédiatement la perte de la connaissance, la stupeur et la mort. Lorsque, au contraire, elle marche vers la guérison, la fièvre diminue au septième jour, la langue s'améliore, les douleurs s'apaisent ; mais la convalescence est toujours longue et pénible. Le changement d'air est très favorable alors au malade, qui ressent longtemps encore les derniers symptômes du mal : des douleurs aiguës à la mâchoire, l'abattement, le trouble des idées ; quelques-uns même ne se remettent jamais complètement des suites de cette affreuse plaie de l'Afrique.

Cependant la vigoureuse constitution des deux voyageurs anglais, jointe aux soins empressés du colonel Hamerton, réussit à vaincre l'effort de la maladie, et quelques mois suffirent pour assurer leur complet rétablissement. Ils consacrèrent ce temps à effectuer les préparatifs de leur grande expédition vers les lacs intérieurs, et le 14 juin 1857 une corvette appartenant à l'iman de Mascate les enlevait de Zanzibar et les déposait sur la terre ferme à Kaolay, village situé à l'embouchure du fleuve Kingani, désigné pour être le point de ralliement et de départ de l'expédition. Nous allons maintenant suivre les intrépides voyageurs dans leur voyage de découvertes.

CHAPITRE V
BURTON ET SPEKE
EXPÉDITION AUX GRANDS LACS DE L'AFRIQUE CENTRALE

§ 1

Personnel de l'expédition. — Départ de Koalay. — Maizan. — Le Khoutou. — Zungoméro. — La Passe-Terrible. — L'ougogi. — Arrivée et séjour à Kareh.

Les difficultés et les lenteurs insupportables qui accompagnent tout voyage dans l'intérieur de l'Afrique attendaient à Koalay Burton et son compagnon. Saïd-bin-Salim, envoyé en avant pour louer les porteurs et les conducteurs d'ânes, n'avait rempli que le quart de sa mission; il devenait presque impossible d'en enrôler de nouveaux, à cause des bruits sinistres de toute nature que les banians et les marchands arabes avaient jetés sur l'état des populations de l'intérieur, afin de décourager les Européens et de les empêcher de constituer leur escorte. Cependant, à force d'argent, de patience et d'énergie, Burton réussit à compléter tant bien que mal sa troupe, et partit le 27 juin de Koalay pour l'intérieur, en suivant la vallée de Kingani. La caravane se composait de cent trente personnes environ, et cette bizarre association de toutes les races humaines mérite une plus ample description, que nous empruntons au vif pinceau du capitaine Burton, commandant en chef de l'expédition.

L'intendant des voyageurs, Saïd-bin-Salim, est déjà connu : il emmenait avec lui sa femme et quatre esclaves. Le valet de chambre et le héraut du capitaine Speke, Sidi-Mabarak-Bombay, est un de ces nègres de la race des Waibao, que l'on rencontre si souvent comme chauffeurs sur les navires à vapeur de la mer des Indes. Sa tête laineuse est animée par une gaillarde paire de petits yeux de porc, bien plantés au milieu d'un visage ouvert et franc. Son

museau fait saillie comme celui d'un babouin, et
sous ses grosses lèvres brillent deux rangées de dents
d'alligator qui apparaissent dans tout leur éclat lorsqu'on excite l'hilarité de leur propriétaire. Le domestique de Speke, Mouny Mabruki, de la même
race, est, au contraire, le plus détestable personnage
de la bande, et en même temps le plus vain, car sans
cesse il s'occupe de s'attifer. D'un caractère insup-
portable, il passe continuellement d'un extrême à
l'autre, tantôt bouillant, tantôt stupide et paresseux,
volant tout ce qui lui tombe sous la main, et incapable d'être utilisé, si ce n'est pour charger et décharger les ânes.

Deux autres domestiques, Gaëtano et Valentin,
appartiennent à cette race métisse portugaise de Goa
que l'on trouve dans les maisons riches de l'Inde.
Ces deux hybrides se distinguent par l'orgueil de
caste, le besoin de dominer, un penchant irrésistible
au vol et au mensonge, une prodigalité excessive du
bien d'autrui, et une ténacité particulière pour ce qui
leur appartient, une faiblesse physique déplorable,
une voracité qui les conduit à l'indigestion quoti-
dienne. Cependant ils ont aussi leurs bonnes qualités : Valentin a appris en quelques jours la langue
sahouéli, l'usage du thermomètre et du baromètre ;
il connaît bien la cuisine et la couture. Gaëtano est
attentif près d'un malade, et méprise toute espèce

de danger. On le verra retourner chercher une clef oubliée la nuit au fond des bois, ou se jeter tête baissée dans un groupe de sauvages furieux.

Viennent ensuite huit Beloutchis, armés de mousquets, de sabres indiens, de boucliers de peaux de bêtes et de poignards; ces soldats, qui forment la garde du sultan de Zanzibar, ont été donnés comme escorte aux voyageurs et sont responsables de leurs personnes. Leur chef, le jémadar Mallok, est borgne; il a des traits fins comme un Italien, mais sillonnés par la petite vérole, un œil qui ne regarde jamais en face, et quelque chose autour de la bouche qui inspire de la défiance. D'abord très actif et très soumis, il deviendra de plus en plus intraitable à mesure que l'on avancera dans l'intérieur, pour redevenir ensuite parfaitement souple au retour, et versera même des larmes de crocodile en prenant congé du capitaine Burton. Les autres Beloutchis sont : Mohammed, vieux soldat à barbe grise et à cœur faible; Schadad, petit et vilain, mais agréable aux gens du pays par sa guitare et sa voix fausse; Bellok, jeune guerrier fils d'une esclave, aux traits grossiers, uniquement occupé à exciter les querelles entre ses camarades; Abdullah, Chobadasch, vieux grognard têtu et querelleur, etc.

Le reste de l'escorte se compose de huit esclaves, loués à un certain Ramji, de Zanzibar, et que l'on

appelle « les fils de Ramji »; les conducteurs d'ânes,
et enfin une quarantaine de porteurs de l'Ounyamouézi, garçons efflanqués pour la plupart et difficiles à bâter. Chacun d'eux a son caprice; tous ont
horreur des caisses, à moins qu'elles ne soient assez
légères pour qu'on puisse en mettre une à chaque
bout d'une longue perche, ou assez lourdes pour
exiger deux porteurs.

Le chargement des ânes et des porteurs se compose d'étoffes de soie ou de coton, de colliers de
verre ou de porcelaine, de fil de fer ou de laiton, fort
recherché des sauvages.

Une troupe ainsi composée donna nécessairement
à Burton toutes sortes de tracasseries : chaque matin
il fallait déployer une nouvelle énergie pour arracher au sommeil les paresseux Portugais, exciter les
soldats et les porteurs, obliger ceux-ci à seller
et charger les ânes; toute la journée se passait en
général à gourmander les traînards, à arrêter l'al-
lure immodérée des Beloutchis, toujours pressés
d'arriver; à contenir les ânes intraitables, à calmer
les disputes, à modérer les appétits sauvages qui se
ruaient sur les provisions. Les premiers jours du
voyage furent particulièrement pénibles : le sentier
suivi par la caravane dans la vallée de Kingani,
jusqu'à la station de Zungoméro, passait par les
villages de Bonami, Kiranga-Ranga, Muhonyéra,

Deje-la-Mhora, et les pays d'Ouzaramo et de Khoutou; ce sentier serpente perpétuellement à travers
les forêts, les buissons et les hautes herbes, sur un
sol humide et détrempé par les pluies, au milieu de
brouillards fétides et d'exhalaisons mortelles. Après
une semaine de voyage, Speke était déjà dévoré par
la fièvre; Burton souffrait dans tous les membres,
avait la tête brûlante, les yeux ardents, le corps
abattu et courbaturé; il fallut faire de fréquentes
haltes, et ce fut au milieu de tant de difficultés, de
douleurs et d'inquiétudes que les voyageurs arri-
vèrent à Deje-la-Mhora, lieu de sinistre mémoire,
où le meurtre de Maizan, encore vivant dans tous
les souvenirs, leur apparut comme un présage de
ce qui les attendait eux-mêmes.

M. Maizan était un jeune officier de la marine
française, qui conçut, en 1844, le projet hardi de
tenter une expédition vers les grands lacs de l'intérieur. Le gouvernement approuva son plan, et l'envoya à l'île Bourbon, d'où, accompagné du consul
Brochant, il se rendit à Zanzibar, dont le sultan
venait précisément de conclure un traité avec la
France. Élève de l'École polytechnique, Maizan
avait toutes les connaissances nécessaires, et était
muni de bons instruments scientifiques; mais il paraît avoir manqué d'expérience et de prudence
en étalant à tous les yeux ses beaux appareils en

cuivre doré, chose dangereuse en un pays où tout le monde est avide de ce qui brille. Ainsi l'on sut plus tard que le meurtrier de Maizan portait au cou un bouton doré qui décorait le sommet de la tente du voyageur. En outre, il avait un bagage trop riche, une batterie de cuisine étincelante, et d'autres choses semblables faites pour tenter la cupidité des sauvages.

A l'arrivée du jeune officier à Zanzibar, mille rumeurs inquiétantes circulèrent sur les projets ambitieux de la France : on répandit le bruit qu'elle allait s'établir à Kingani, à Lamou, etc., comme à Madagascar. Les banians, ces marchands indiens entre les mains de qui se trouve presque tout le commerce de la côte, s'en émurent, et agirent de toute leur influence sur les populations du littoral et de l'intérieur. D'un autre côté, Maizan passa deux mois à Zanzibar pour y apprendre la langue sahouéli, et, avant d'entreprendre son expédition, fit trois petites excursions sur la côte, donnant ainsi à ses ennemis tout le temps nécessaire pour mener à terme leurs machinations diabolique. Il se déconsidéra aux yeux des Arabes, dont la protection est si efficace en ce pays, en se liant d'amitié avec un nègre de l'Ounyamouézi, et commit enfin une faute beaucoup plus grave encore en refusant l'escorte nombreuse et bien armée que le sazzid de Zanzibar voulait mettre à sa

disposition pour l'accompagner dans l'intérieur.
C'était se jeter, avec un courage inconsidéré, dans
les mains féroces des chefs africains.

En 1845, la saison des pluies passée, Maizan
aborda à Bagamoyo; là il renvoya sa garde de quarante mousquetaires, et, malgré les avertissements
les plus pressants de son frère noir de l'Ouniamouézi,
partit seul pour l'intérieur. Il ne garda auprès de lui
qu'un homme de Madagascar nommé Frédéric, et
quelques porteurs. En route, l'idée lui vint de faire
une visite à Phazi-Mazungera, chef des Ouakemba,
qui forment une subdivision des Ouzaramo. Mazungera reçut le voyageur blanc dans sa résidence de
Deje-la-Mhora, et lui témoigna une amitié hypocrite
que Maizan paraît avoir crue de bon aloi. Tous les
deux passèrent quelques jours ensemble dans les
meilleurs rapports, et Maizan fut bientôt rassuré.
Mais tout à coup Mazungera fit venir son hôte, lui
adressa de violents reproches pour avoir envoyé
quelques présents à d'autres chefs, et, s'emportant
de plus en plus jusqu'à une fureur sauvage, il finit
par s'écrier :

« Tu vas mourir ici même à cette place! » Il fit
un signe : une bande de sauvages se précipita dans
la hutte portant deux longues perches. Frédéric fut
protégé par la femme du chef; il cria à son maître
de courir et de s'attacher à cette femme, qui le

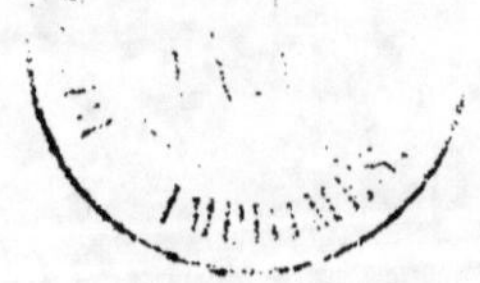

prendrait sous sa protection et le sauverait; mais il paraît que Maizan n'eut pas cette présence d'esprit, et la femme fut entraînée dehors. Alors on lia au malheureux les mains en croix sur l'une des perches, on l'attacha à l'autre par les pieds, et on lui serra le front au moyen d'une courroie. Ainsi garrotté, il fut porté sous un baobab qui se trouve à cinquante pas du village, et que l'on fit voir au capitaine Burton. Puis, tandis que les noirs chantaient le chant de guerre et battaient le grand tambour de bataille, le féroce Mazungera lui coupa successivement toutes les articulations, ne cessant de lui demander où étaient cachés ses trésors. Mais le malheureux jeune homme ne lui répondit qu'en demandant à Dieu pardon de ses péchés, et en nommant les personnes dont il avait méprisé les sages conseils à Zanzibar. Mazungera, trouvant son couteau trop ébréché, s'arrêta un instant, aiguisa froidement le tranchant sur une pierre, reprit son œuvre sanglante, et enfin détacha la tête du jeune homme du reste du corps.

Maizan était un jeune homme aimable, plein de talent et d'instruction, d'un courage admirable, mais imprudent. Au reste, le féroce Mazungera ne profita pas longtemps de son crime. Après la mort de Maizan, il essaya, sans y réussir, de corrompre les gardes laissés au soin de ses effets à Bagamoyo.

Frédéric, s'étant échappé, arriva à Zanzibar, où le consul Brochant l'interrogea. En 1846, le brick de guerre *le Ducouëdic,* commandé par le capitaine Guillain, arriva dans les eaux de Zanzibar pour demander justice de la mort de Maizan : deux cents mousquetaires furent expédiés dans l'intérieur à la recherche du coupable, qui s'enfuit. On ne put s'emparer que du nègre qui avait battu le tambour de guerre pendant l'exécution, et ce malheureux, enchaîné pendant deux ans, sous un soleil ardent, à la porte du consulat de France, paya pour tous. Quant à Mazungera, poursuivi par les remords et par des visions funèbres, il traîna une vie misérable jusqu'à ce que la folie s'empara de lui.

Après avoir dépassé Deje-la-Mhora, les voyageurs anglais atteignirent la Mgeta, qu'ils franchirent sur un pont improvisé, et entrèrent dans le district de Khoutou, très fréquenté par les caravanes, mais l'un des plus malsains de toute cette partie de l'Afrique. Le journal de marche de Burton donne une idée des peines que l'on eut à souffrir en traversant ce district.

« Le chemin serpente à travers les hautes herbes et le feuillage imprégné d'humidité ; jusqu'au milieu du jour tout est ruisselant de boue ; la terre, noirâtre, est grasse et glissante ; le sentier, si cela peut s'appeler ainsi, se déroule sur un limon épais et profond, tout encombré de racines, à travers une épaisse forêt ou des halliers épineux. Les palmiers alternent avec le *mpamaruci,* le gigantesque *msuku- tio* et les mimosas. Plus loin viennent, au contraire, des plaines d'herbes desséchées où la chaleur a des- siné des fissures redoutables. Par trois fois la cara- vane eut à traverser des marais qui avaient jusqu'à mille pas de long, où les hommes enfonçaient jus- qu'aux genoux; les porteurs glissaient et tombaient, de même que les ânes, et je dus me faire soutenir sur ma monture par deux domestiques. »

Outre les maladies qui sévissaient sur la caravane, un autre obstacle arrêtait souvent sa marche. Les ânes primitivement destinés comme monture durent être employés comme les autres au transport du ma- tériel. L'âne de l'intérieur de l'Afrique est d'ail- leurs la plus détestable des bêtes de somme. Il est entêté, récalcitrant, poltron; il bronche et s'écarte à chaque pas; Speke fut un jour désarçonné deux fois en une heure de temps. L'âne trouve un singu- lier plaisir à n'être jamais tranquille sous le cava- lier, à se cabrer, à faire volte-face, à sauter dans les trous boueux; lorsque le soleil donne, il lui plaît d'être à l'ombre, et il trotte vers le premier arbre qu'il aperçoit. Toujours il choisit le plus mauvais chemin, et dès que l'on rencontre un obstacle, l'es- clave qui le conduit s'empresse de quitter la bride, en sorte qu'il en faut d'ordinaire un second pour chasser l'animal par derrière. Ajoutez à cela que l'âne de l'Afrique orientale a le corps rond, le dos court et les épaules étroites, le pas dur et désagréable. Quand il fallait le charger, c'étaient des difficultés sans fin : les nègres avaient toujours soin de ne pas équilibrer la charge, de sorte qu'au premier embarras de la route, et surtout dans les marais, le paquet tombait. C'était alors aux Beloutchis de murmurer, de refuser leur concours, et tout le travail retombait sur les blancs, sur les Arabes et les chefs de l'escorte.

L'expédition quitta le village de Duthumi le 24 juillet, et se mit en marche, sur un sol détrempé par les pluies alternant avec d'affreux coups de soleil, le long d'une chaîne de collines qui restent inhabitées parce qu'elles sont plus insalubres encore que la vallée qu'elles dominent. A cette limite les cultures disparaissent, et alors commence un véritable *jungle*[1] d'Afrique, où les buissons et les grands arbres sont mêlés de telle façon que l'on ne voit jamais qu'à quelques pas de soi. L'ensemble est monotone et cause une impression accablante. La terre, grasse et noire, est couverte d'épais buissons; là où

---

[1] C'est le nom que l'on donne dans l'Inde aux bois inextricables formés de petits arbres pressés les uns contre les autres et entremêlés de lianes.

ils manquent se pressent des herbes de dix mètres de haut, dont les feuilles ont un doigt de largeur. Beaucoup d'arbres sont couverts, depuis les racines jusqu'aux branches, d'un manteau de plantes parasites qui les transforment en colonnes d'un vert épais, et qui s'accumulent dans les branches comme des nids d'oiseaux gigantesques. Çà et là le sentier disparaît; comme disent les indigènes, *il est mort;* la végétation l'encombre, et de toutes parts mille plantes grimpantes, grosses parfois comme des câbles, s'entrelacent les unes dans les autres en tous sens, et forment un réseau inextricable. De cette terre, toujours saturée d'humidité, s'élève une vapeur qui sent l'hydrogène sulfuré, comme si chaque buisson recélait un cadavre en putréfaction. Avec cette succession de forêts pestilentielles s'harmonise parfaitement un ciel gris, où les coups de vent tracent dans les nuées des sillons sinistres, et précipitent sur la terre des avalanches d'eau. C'est comme un immense drap mortuaire qui couvrirait tout le pays. Il faut avoir subi l'influence de cet horrible climat pour se faire une idée de l'abattement, de la paresse, de la faiblesse corporelle et de l'accablement d'esprit qui règnent dans ces régions du tropique, où des alternatives de chaleur humide et de froid pénétrant rendent la vie aussi malsaine que pénible. Au delà de Duthumi, on rencontre encore quelques misérables huttes humides et malpropres, dispersées au fond des bois, et qui sont le séjour d'une race dégradée et pauvre. Ces nègres sont maigres, desséchés, couverts de haillons, ivres presque toujours. Tel est le spectacle que présente l'Afrique orientale, depuis le Khoutou jusqu'au pied des montagnes de l'Ouzagara.

Les voyageurs firent une halte assez prolongée à Zungoméro, du 25 juillet 1857 au 7 août. Zungoméro n'est qu'un misérable village décimé par les maladies et par la traite, dans une vallée malsaine et humide; mais son importance vient de sa position comme station des caravanes et point de croisement de plusieurs routes commerciales. A partir de là, la caravane allait s'élever, par des pentes rapides et nues, au haut du plateau de l'Afrique centrale, et gagner un climat moins insalubre et plus frais.

Les mœurs, les habitations, les coutumes des peuplades nègres rencontrées jusqu'ici, les Ouazaramo et les Ouakhoutou, sont celles de presque tous les nègres de l'Afrique centrale, avec certaines particularités. Les nuances de peau varient du brun clair au noir le plus pur. Le tatouage est usité parmi eux : souvent ce sont trois longues fentes taillées dans le visage, du coin de la bouche à la base de l'oreille. Leur coiffure est singulière : avec de l'argile ocreuse et de l'huile de ricin, ils fabriquent une sorte de bouillie qui leur sert à tourner les cheveux en une multitude de petites boucles; le sommet de la chevelure est tracé en nœuds, et l'on croirait voir des gens atteints de la plique. Le visage des Ouazaramo est anguleux; ils ont les yeux quelque peu obliques, le nez plat et large, les lèvres épaisses et saillantes, le menton proéminent et la barbe rare.

Le costume de l'Ouazaramo consiste en une sorte de caleçon en cotonnade, qu'il a soin de colorer en jaune sale par le séjour prolongé dans une argile jaune. Il s'attife avec des bracelets et des colliers de verroterie, et avec des plaques faites de coquillages. Une de ces plaques orne le front, les autres pendent à la nuque. Au-dessus du poignet se trouve un lourd bracelet de cuivre ou d'étain. Les deux peuplades ont aussi un ornement caractéristique : c'est le *mgoweko*, collier large de cinq centimètres environ, formé de perles de verre rouges, jaunes, noires et blanches. Les hommes ne sortent pas sans armes : ce sont des fusils, des lances, des flèches empoisonnées, des sabres et de longs poignards, qu'ils fabriquent eux-mêmes avec du fer acheté aux caravanes. Les huttes sont faites d'un cercle de pieux fichés dans le sol, reliés par des bambous et de la terre humide, et surmontés d'un toit conique. On rencontre chez ces peuplades deux coutumes singulières, qui reparaissent encore chez d'autres nègres de l'Afrique inté-

rieure. La première est le *saré,* ou alliance frater-
nelle, que l'on peut comparer à l'ancien *manred* de
l'Écosse, au *munh bola bahy* de l'Inde, et à d'autres
serments fraternels usités chez les peuples barbares
qui sentent le besoin de se soutenir mutuellement.
Le saré des Ouazaramo a aussi pour but de réunir et
de confondre les intérêts, d'obvier aux querelles, et
surtout de mettre à l'abri des violences ceux qui seraient trop faibles pour se défendre seuls. Le saré
n'existe qu'entre des hommes adultes, et se pratique
avec diverses cérémonies, suivant les différentes tribus. Chez les Ouazaramo, les Ouazagara, etc., les
deux futurs « frères » s'assoient en face l'un de l'autre sur une peau de bête, les jambes étendues et
entre-croisées; leurs arcs et leurs flèches sont placés
en croix sur leurs cuisses. Un troisième agite un sabre
au-dessus de leurs têtes, et appelle la malédiction
céleste sur celui qui rompra l'alliance. Puis on abat
un mouton, on en rôtit la chair, au moins le cœur,
et on l'apporte aux deux frères. Ceux-ci, après s'être
pratiqué avec un poignard une entaille dans les
chairs, sous le creux de l'estomac, en laissent couler
le sang sur cette viande, qu'ils avalent ensuite. Après
quoi l'on échange quelques présents, et l'alliance est
faite pour toujours; celui qui la viole, d'après la
croyance populaire, est puni par la mort ou par l'esclavage. Les Arabes et leurs facteurs aiment à con-

tracter avec les nègres de semblables alliances, qui leur rendent de très grands services.

Une autre particularité non moins curieuse est la répugnance qu'éprouvent ces nègres de s'approprier un objet perdu sur le grand chemin, surtout s'il appartient à un compatriote. Une telle action leur vaudrait, disent-ils, un *kingambo*, c'est-à-dire la mort ou l'esclavage. Burton ayant perdu une montre à Zungoméro, elle fut retrouvée par des laboureurs, soigneusement enveloppée de feuilles et rendue exactement : ce qui n'empêche pas le vol d'être chose assez fréquente.

A peine les voyageurs avaient-ils quitté l'infernal bourg de Zungoméro, que, gravissant des pentes rapides, ils se trouvèrent subitement transportés dans un climat sain et agréable, sous un ciel pur, et toutes les maladies disparurent comme par enchantement. Par malheur, ce bien-être ne dura pas longtemps : d'autres vallées pestilentielles, d'autres forêts marécageuses se trouvèrent plus loin sur leur route, et, à travers des sentiers détestables, des halliers inextricables, des ondées incessantes; à travers les querelles des Beloutchis et des fils de Ramji; à travers les maladies causées par la fatigue, la mauvaise nourriture et le climat, Burton et Speke, tous deux brisés par la fièvre, atteignirent le passage le plus pénible et le plus redouté du voyage, la Passe-

Terrible, qui devait les conduire au delà de la chaîne du Ruhébo, sur le plateau de l'Ougogi. « Tremblants de fièvre et saisis de vertige, nous contemplons avec abattement le sentier qui se dresse verticalement au-dessus de nous : c'est une échelle dont les racines et les quartiers de roche forment les gradins. Mon compagnon (Speke) est si faible, qu'il lui faut trois personnes pour le soutenir ; je n'ai encore besoin que d'un seul appui. Les porteurs ressemblent à des singes escaladant les murs d'un précipice ; les ânes tombent à chaque pas ; la soif, la toux et l'épuisement nous forcent à nous coucher, tandis que le cri de guerre retentit de colline en colline, et que les indigènes, armés de flèches et de lances, affluent comme un essaim de fourmis noires. Enfin, après six heures d'efforts inouïs, le faîte de la Passe-Terrible est atteint, et nous reprenons haleine au milieu d'un air balsamique et d'arbrisseaux verdoyants. »

Pendant tout ce trajet, la caravane avait beaucoup souffert de la piqûre d'une petite fourmi rouge, et d'une autre fourmi noire d'espèce plus grande. La première va par troupes serrées, comme une armée, et s'attache avec une singulière adresse à tout ce qu'elle peut toucher. La grande espèce, pareille à celle que l'on nomme *fourmi-cheval*, a près de trois centimètres de longueur, une grosse tête, et des mandibules si puissantes qu'elle se rend maîtresse même des souris et des rats. Elle préfère les lieux humides et le bord des eaux, creuse son trou, n'élève point de monticule de sable ; d'un courage incroyable, elle ne redoute aucun ennemi, et ne peut être écartée que par le feu ou par l'eau bouillante. Sa morsure brûle comme la piqûre d'une aiguille rougie au feu ; jamais elle n'abandonne ce qu'elle a une fois saisi ; elle est l'ennemie mortelle des *termites*[1], dont elle fait sa pâture favorite ; mais elle a elle-même une ennemie dangereuse dans une certaine espèce de fourmi rougeâtre, et nommée dans le pays *madschi-moto*, parce que sa morsure cause une douleur cuisante. On rencontrait aussi çà et là le *tsetsé*, cette redoutable mouche si répandue en Afrique depuis les bords du Nil jusqu'à ceux du Zambèze, dont la piqûre, inoffensive pour les hommes, cause infailliblement la mort de tout bœuf, âne ou cheval qu'elle atteint.

Le pays d'Ougogi, où l'expédition entra après avoir franchi les rampes de l'Ouzagara, s'étend sur le plateau, à peu près à égale distance de la côte et de l'Ounyanyembé. Ce pays est habité par plusieurs races, les Ouazagara, les Ouahelé et les Ouagogo. Les plaines donnent du blé en abondance ; le bétail prospère sur les collines herbeuses, mais souvent il

---

[1] Grosse fourmi blanche répandue en Afrique, et qui construit de hautes et fortes maçonneries.

est enlevé par des bandits ouarori. Les naturels vendent aux voyageurs du miel, du lait, des œufs et du beurre; mais tout cela est mauvais. On trouve en abondance dans le pays des pintades, l'ocelot et le beau chacal argenté. Dans les plaines vagabondent l'éléphant et la girafe, que les Arabes appellent le « chameau du pays sauvage »; on trouve souvent les traces de la girafe dans les pays incultes, mais l'on voit rarement l'animal lui-même. Sa peau sert à confectionner des boucliers et des selles, et sa chair est estimée; mais la chasse est peu fructueuse dans l'Ougogi à cause de la multitude des caravanes qui la pratiquent. Le climat de l'Ougogi est tempéré et agréable; son influence sur la santé et le moral de la troupe du capitaine Burton fut des plus avantageuses. On put franchir rapidement le pays mamelonné et peu accidenté qui s'étend de l'Ougogi à la frontière orientale de l'Ouniamouézi.

« Quatre mois et demi après notre départ de la côte, écrit Burton, le 7 novembre 1857, j'arrivai à Kazeh, principal établissement des Arabes dans cette région et chef-lieu de l'Ounyanymbé, l'un des districts les plus importants du vaste ensemble désigné sous le nom d'Ouniamouézi. Nous étions partis au point du jour; les Beloutchis avaient leur costume d'apparat, sans lequel un Oriental ne voyage pas souvent; mais tous devaient bientôt remballer cette belle parure, afin de l'échanger plus tard contre un nombre plus ou moins grand d'esclaves. A huit heures nous fîmes halte auprès d'une petite bourgade, afin que les traînards pussent nous y rejoindre, et bientôt, drapeau au vent, la caravane serpenta dans la plaine, au son des cors, au bruit des cris et des clameurs qui dominaient l'artillerie, présentant un coup d'œil ravissant. La foule qui se pressait aux deux côtés du chemin, et qui rivalisait avec nous d'acclamations bruyantes, était vêtue avec plus de luxe que tout ce que nous avions vu précédemment. Quelques Arabes se trouvaient au bord de la route : ils nous saluèrent avec toute la gravité musulmane, et nous accompagnèrent pendant quelques instants. Parmi eux étaient les principaux trafiquants de l'endroit : Sney-ben-Amyr, Seïd-bel-Myel, bel et jeune Omani de noble race ; Mouhinna-ben-Soliman, qui, malgré son éléphantiasis, pénétrait à pied, tous les ans, jusqu'au centre de l'Afrique ; enfin Seïd-ben-Ali, qui a les traits fins, la barbe blanche, la tête chauve, surmontée d'un fez rouge, la taille mince, les formes grêles, mais bien proportionnées, offrait le type accompli du vieil Arabe.

« On nous avait prédit un mauvais accueil de la part de ces Arabes ; la façon dont ils nous reçurent fut, au contraire, des plus encourageantes. Après n'avoir si longtemps rencontré que des cœurs de pierre, nous

avions enfin affaire à des cœurs d'homme. Tout ce
dont j'avais besoin, tout ce que j'indiquai, même
d'une manière indirecte, me fut immédiatement envoyé, et la moindre allusion à un payement eût été
considérée comme une injure. Sney-ben-Amyr, sur-
passant tous les autres, joignit aux citrons, au café,
aux douceurs que dans ce pays l'on ne trouve que
chez les Arabes, deux chèvres et deux bœufs. Il avait
commencé par être confiseur à Mascate, et c'était
aujourd'hui l'un des plus riches commerçants de
l'Afrique orientale. Contraint par sa santé de quitter
la vie active, il s'était fixé à Kazeh, et ses magasins
d'étoffes, de colliers, d'ivoire, ses baraques à esclaves
composaient tout un village. Il fut d'une obligeance
extrême, nous procura des porteurs, les enrôla, se
chargea de nos marchandises, et prépara tout pour
notre départ. Sa conversation instructive fut pour
moi une source de renseignements précieux : il avait
navigué sur le lac Tanganyika, visité les royaumes
de Karagouah et d'Ouganda, au nord de ce lac, et
l'ethnologie, les mœurs, les idiomes des peuples de
cette région ne lui étaient pas moins familiers que
ceux de son propre pays. C'était un homme pâle,
entre deux âges, avec de grands traits, les yeux
caves, le regard perçant, la taille haute, les membres décharnés, un peu l'ensemble de don Qui-
chotte. Il avait beaucoup lu; sa mémoire était mira-

culeuse, sa pénétration excessive, et sa parole d'une facilité, d'une élégance dont je fus surpris et charmé : bref, généreux, discret, délicat, brave et honnête, il était de ceux dont on se fait des amis. »

Kazeh, où les deux voyageurs séjournèrent plus d'un mois, au milieu des embarras de leurs préparatifs et des soins bienveillants de leurs amis arabes, est un des grands entrepôts de l'Afrique orientale. Situé dans une région fertile, saine et relativement sûre, au point d'entre-croisement des routes qui vont vers Zanzibar à l'est, vers le lac Nyanza et le royaume d'Ouganda au nord, vers le Tanganyika et le pays d'Oujiji à l'ouest, vers l'Ourori au sud, ce village, composé de groupes d'habitations assez confortables, est devenu nécessairement un lieu de repos et de commerce pour les caravanes. Les Arabes qui s'y sont fixés depuis 1852 y mènent une existence agréable et même luxueuse : leurs maisons, bien qu'elles n'aient qu'un rez-de-chaussée, sont spacieuses et commodes; Zanzibar leur envoie tous les objets de luxe, et un grand nombre d'esclaves les servent. L'habitation des Arabes dans l'Ouniamouézi (terre de la lune) est tout simplement la *tembé* africaine modifiée par les exigences de la vie musulmane. La véranda[1] profonde, ombreuse, qui en ceint

---

[1] Sorte de portique soutenu par des colonnes en bois.

l'extérieur, abrite une large banquette où les hommes vont goûter la fraîcheur du matin et la sérénité du soir; c'est là qu'ils font la prière, qu'ils travaillent; qu'ils reçoivent leurs amis. Sous la véranda est une porte semblable à une herse, qui donne accès dans un vestibule, où deux divans en terre battue, ayant des coussins de même matière, composent tout le mobilier; des nattes recouvrent l'argile, et sont remplacées par des tapis lorsqu'on attend des visites. Un couloir qui tourne immédiatement pour tromper les regards des curieux, conduit de ce vestibule dans une cour entourée de chambres, et qui, chez les indigènes, est fermée par une estacade ou une palissade de roseaux. Pas de fenêtres à ces chambres, où l'air pénètre seulement par de petits œils-de-bœuf, qui servent au besoin de meurtrières.

De la pièce d'honneur, où couche le maître du logis, on passe dans une salle complètement noire qui sert de magasin; le harem et les servitudes complètent ce genre d'habitation. De l'intérieur des cellules qui le composent, le regard n'aperçoit que des murailles et la petite cour, où l'eau ruisselle durant la saison des pluies. Pendant le jour, une clarté douteuse contraste péniblement avec le rayon brillant qui jaillit de la porte, et, le soir, il n'est pas de luminaire qui puisse éclairer ces murs terreux, gris et rougeâtres. On y suffoque, on y subit les rafales du vent qui s'y engouffre; chez les indigènes, la toiture laisse passer l'eau, et chaque solive du plafond, chacune des fentes de la muraille, sont habitées par des myriades d'insectes.

Le pays d'Ouniamouézi est sain et bien cultivé; les villages y sont nombreux, les champs soignés; de grands troupeaux de bœufs à bosse volumineuse, comme ceux de l'Inde, se mêlent à des bandes considérables de chèvres et de moutons, et donnent à la campagne un air de richesse et d'abondance. Dans ce pays, le coucher du soleil est un instant plein de charmes : la brise s'échappe en ondes embaumées, comme si elle était produite par un immense éventail; partout la vie éclate et se révèle avec douceur : les petits oiseaux chantent la chanson du soir, et lissent leur plumage; les antilopes regagnent leurs buissons; le bétail folâtre et bondit, l'homme se livre au plaisir. Toutes les femmes du village, depuis l'aïeule jusqu'à la petite fille de douze ans, s'asseyent en rond et prennent leurs grandes pipes à foyer noir; elles paraissent y puiser de profondes jouissances; la fumée qu'elles aspirent lentement s'exhale de leurs narines; de temps à autre elles se rafraîchissent la bouche avec des tranches de manioc, ou un épis de maïs vert cuit sous la cendre; puis quelque sujet d'entretien fait poser la pipe, et un babil général brise tout à coup le silence.

Les animaux de l'Ouniamouézi ne diffèrent pas beaucoup de ceux de l'Ouzagara et de l'Ougogi. Les hautes et basses forêts renferment des lions, des singes, des léopards, des hyènes et des chats sauvages ; dans les plaines, on rencontre l'éléphant, la girafe, le buffle, l'antilope, le couagga ; les rivières sont peuplées de crocodiles et d'hippopotames. Le *nyani* ou singe cynocéphale, au nord du pays, est de la taille d'un lévrier ; il y en a trois espèces, une rouge, une noire et une jaune, toutes également redoutées. Le *colubus guereza*, appelé ici *mbega*, est un singe à collet fourré, à longs poils noirs luisants, à crinière blanche ; il est extrêmement propre et soigneux de sa personne, et les Arabes assurent que, poursuivi par les chasseurs, il met sa magnifique fourrure en pièces pour éviter qu'elle puisse servir à ses ennemis. Rarement il descend des arbres, où il se nourrit de fruits ou de jeunes pousses. Les Arabes parlent aussi de chiens sauvages qui vivraient dans les environs de l'Ounyanyembé, hauts d'environ cinquante centimètres, couverts d'une fourrure rude d'un brun noirâtre ; ils ont de longues queues bien fournies, vont par bandes de vingt à cent individus, ne poussent pas des aboiements, mais des hurlements, et s'attaquent à l'homme aussi bien qu'aux grands animaux.

Les Ouaniamouézi, habitants de ce pays, présentent le type complet des nègres de cette portion de l'Afrique. Leur peau est généralement d'un brun sépia foncé; leur physionomie est plus éloignée du type asiatique que celle des peuples de la côte. Leur peau exhale une odeur très désagréable; ils laissent aux cheveux une longueur de sept à huit centimètres, les portent en petits tire-bouchons, de façon à tomber par derrière comme une espèce de frange, tandis que sur le devant de la tête ils sont rassemblés, comme chez les anciens Égyptiens. La barbe est pauvre et courte; les favoris manquent tout à fait; ils s'arrachent les poils de la lèvre supérieure et les cils. Ces peuples sont robustes et élancés; ils ne manquent pas d'un certain courage sauvage. Leur signe de race consiste en une double rangée de petites entailles qui, partant de l'extrémité des sourcils, se dirigent le long des tempes jusqu'au milieu de la joue et même jusqu'au menton; d'autres fois on rencontre une ligne, ou une incision formée de trois petites lignes, qui va du front jusqu'au nez. Chez les hommes, ces lignes sont noires; chez les femmes, bleues; celles-ci se font aussi de petites raies sous les yeux. Les Ouaniamouézi ne se taillent pas les dents en forme de scie, comme les peuples situés plus au sud; mais ils écartent les deux dents antérieures à la pointe, de manière à laisser un triangle ouvert. Les femmes s'extirpent les deux dents du milieu; les nègres des deux sexes s'allongent les oreilles.

Le costume consiste d'ordinaire en peaux de bêtes : seuls, les chefs et les riches s'habillent avec du coton. Les enfants courent sans vêtements; chez les jeunes filles, la poitrine reste découverte; enfin les nourrissons sont portés sur le dos de leurs mères. Comme ornement, ils préfèrent à toute autre chose les perles de verre, surtout les rouges, et celles que l'on nomme œufs de pigeon, ou grosses perles blanches de Nuremberg. Ils suspendent à leurs colliers de verroterie des coquilles, ou *kiwanga,* apportées de la côte, ainsi que des dents d'hippopotame. Ceux qui ont la barbe assez fournie y suspendent des perles. Enfin des anneaux d'airain massifs, des bracelets de fil de laiton, de petites clochettes en fer, des étuis d'ivoire forment le complément de la toilette. En voyage ils portent une corne à bouquin en bandoulière; au logis ils la remplacent par un petit cornet renfermant des talismans bénits par le mganga.

Les Ouaniamouézi ont peu de fêtes solennelles. Lorsqu'une femme est sur le point d'accoucher, elle se retire dans les bois, revient peu à peu, portant sur son dos un enfant enveloppé d'une peau de chèvre, et rentre dans sa hutte, souvent même avec une charge de bois par-dessus le marché. Les jumeaux sont rares, et l'usage est d'en tuer un. A la place de l'enfant étouffé, la mère place près de son enfant vivant une calebasse enveloppée de draps à laquelle elle présente aussi de la nourriture. Il est d'usage que la fortune du père passe aux enfants qu'il a eus d'une esclave, sous le prétexte que ses enfants légitimes, ayant des parents auprès d'eux, ne seront jamais dans le besoin. Le jeune garçon est, tout petit, commis à la garde des troupeaux : dès l'âge de dix ans il est berger en titre, se construit une hutte, cultive un champ de tabac, et le voilà indépendant.

Les *warara* ou jeunes filles ont aussi un usage étrange. Elles restent avec leurs parents jusqu'à l'âge de se marier : alors elles se réunissent une dizaine du même âge, on leur construit une hutte commune, et elles vivent là dans la plus complète liberté, recevant qui bon leur semble, au grand préjudice des mœurs. Aussi les liens de la famille sont-ils fort relâchés chez ces nègres.

Chaque village présente une habitation caractéristique : c'est la maison de réunion, le *ihouanza*. Il y en a deux, l'une pour les hommes, l'autre pour les femmes; la cour est ombragée d'un vaste sycomore. L'ihouanza est d'ordinaire une case plus solidement construite et plus spacieuse que les autres; les murailles en sont mieux décorées. Des talismans suspendus au linteau de la porte en protègent le seuil. On retrouve à l'intérieur le lit de camp, fait cette fois avec des planches, les trois cônes du foyer, la pierre à moudre, des flèches, des lances, des bâtons suspendus au plafond. C'est là que les hommes de la bourgade vont passer le jour, et souvent la nuit, à boire, à jouer, à fumer du tabac ou du chanvre, à causer et à dormir entièrement nus, comme des chiens dans un chenil.

Les Ouaniamouézi s'occupent principalement de commerce; ils sont presque exclusivement employés comme porteurs dans la région africaine parcourue par Burton : véritables bêtes de somme, ils sont endurcis aux mauvais traitements, capricieux, poltrons, et jettent quelquefois la charge au milieu de la route pour regagner leur pays; mais le vol dans l'accomplissement de leurs fonctions est très rare chez eux.

§ 2

Départ de Kazeh. — Marche de la caravane. — Maladie de Burton. — Découverte du lac Tanganyika. — Kaouélé. — Le pays d'Oujiji. — Exploration du Tanganyika. — Retour à Kazeh, et voyage de Speke à Nyanza. — Le royaume d'Ouganda. — Départ pour Zanzibar. — Le Kichyoma.

Le 5 février 1858, les deux voyageurs prirent congé de leurs hôtes arabes, et après mille retards, mille difficultés, la caravane reprit sa route vers l'ouest pour gagner le lac Tanganyika, que Burton avait à cœur de découvrir et d'explorer. C'est ici le lieu de faire connaître, par quelques traits empruntés au spirituel voyageur, l'organisation et la marche d'une de ces singulières caravanes africaines par l'intermédiaire desquelles le commerce d'échanges se fait exclusivement dans toute cette immense région.

« Trois sortes de caravanes parcourent l'est de l'Afrique : les unes se composent exclusivement des Ouaniamouézi; d'autres sont commandées par des esclaves de confiance; les troisièmes, par des Arabes. La nôtre se rapproche beaucoup de ces dernières, avec cette différence que nous ne sommes pas suivis par un nombreux personnel de notre maison. A quatre heures du matin, au premier chant du coq, j'appelle mes Goannais pour qu'ils fassent du feu; ils sont transis par la nuit, et se hâtent de m'obéir. Nous prenons du thé, du café s'il y en a, des gâteaux avec de l'eau de riz, ou un potage semblable à du gruau. Les Beloutchis, pendant ce temps, chantent leurs hymnes autour d'un chaudron placé sur un grand feu, et se réconfortent avec le *couscoussou*, les fèves grillées et du tabac.

« A cinq heures, le murmure des voix commence, c'est l'instant critique : les porteurs ont promis la veille de partir de grand matin; mais, par ce froid du matin, ce ne sont plus les hommes d'hier, accablés de chaleur; plus d'un d'ailleurs a pris la fièvre.

Puis dans toutes les caravanes il y a de ces paresseux à la voix haute, à l'esprit mal fait, dont le seul plaisir est de contrarier; s'ils ont résolu de ne pas bouger, ils resteront là devant les tisons à se chauffer les pieds sans tourner la tête, ou à fumer et à vous regarder sous cape. Si la bande est unanime, il ne vous reste qu'à rentrer sous votre tente. Si, au contraire, il y a partage, peut-être parviendrez-vous à galvaniser vos paresseux. Le caquet s'anime, les voix s'élèvent, les cris : « Chargeons! en route! Je suis un âne, un bœuf, un chameau! » se font entendre au milieu du bruit des tambours, des flûtes, des sifflets et des cors...

« Enfin tout est préparé. Le *kirangozi* ou chef des porteurs endosse son fardeau, toujours léger, et saisit son drapeau : celui-ci, signe distinctif des caravanes venues de Zanzibar, est d'un drap rouge écarlate, mais fort lacéré par les épines. Un *pagazi* ou porteur spécial suit le kirangozi, battant la marche; celui-ci porte un manteau long de deux mètres, en drap rouge, percé d'une ouverture où passe la tête, et pendant en lanières devant et derrière; il a aussi une coiffure bizarre; c'est la peau d'un singe marbré ou d'un chat sauvage qui tombe sur les épaules, tandis que les cheveux sont ornés de plumes de grue. Les insignes de ses fonctions sont : une queue de bête attachée de manière à faire croire qu'elle lui est

nàturelle; une broche en fer terminée par un cro-
chet, décorée d'un fil de perles, et une quantité de
petites gourdes huileuses contenant du tabac, des
simples et des talismans. Tous les membres de la
caravane doivent lui obéir, et, pour s'assurer de
leur docilité, il leur a fait don d'une chèvre ou d'une
brebis, dont, au reste, il ne tardera pas à recouvrer
la valeur : on lui doit la tête de chaque animal tué,
et tous les cadeaux qui se font au bout du voyage
sont pour lui. Nul ne peut le précéder pendant la
marche, et, pour reconnaître le coupable à la fin de
la journée, on lui ôte une flèche de son carquois.

« La caravane s'ébranle. En tête sont les porteurs
d'ivoire, les plus chargés et les plus fiers de tous ;
chaque défense porte à son extrémité une clochette ;
à l'autre les bagages du porteur. Après l'ivoire, les
étoffes, puis la foule des porteurs chargés d'objets
plus légers : dents de rhinocéros, cuir, sel, tabac,
houes en fer, caisses et ballots, etc... Avec ceux-ci
marchent les fils de Ramji, leur mousquet sur l'é-
paule ; les femmes et les enfants, tous chargés, ne
fût-ce que d'un poids d'un demi-kilo ; les ânes, portant leur fardeau sur des bâts en peau de buffle ou de
girafe. Presque toujours un mganga accompagne la
caravane ; mais, en sa qualité de personnage sacré,
il sollicite le droit de porter le plus petit fardeau.

« Une fois en marche, le bruit est la grande distraction : c'est à qui rivalisera avec les tambours et les cornets, à qui sifflera, glapira, hurlera, imitera le chant des oiseaux, les cris des bêtes féroces; le tout avec redoublement dans le voisinage des bourgades.

« A huit heures, si on découvre de l'ombre ou un étang, le drapeau rouge se déploie, et le son du *baryhoumi*, qui ressemble de loin à celui du cor de chasse, annonce une halte. On dépose les fardeaux, on se couche ou l'on flâne; on jase, on boit, on fume, on tousse, on crache, on suffoque.

« Si la marche se prolonge jusqu'à midi, la caravane souffre cruellement de la chaleur. Le soir, lorsqu'on arrive au *kraal* où l'on doit passer la nuit, chacun s'empare de la meilleure place qu'il peut attraper. Quand les logements sont prêts, les ânes déchargés, les morceaux de bois entassés pour le feu, les cruches remplies d'eau, l'on s'occupe du dîner. Les femmes broient le grain, les coqs chantent, les esclaves travaillent à piler le café; le foyer, consistant en trois pierres, est toujours excellent; on y pose la noire marmite de terre sur un trépied, et les groupes se forment autour d'elle. Les nègres, souvent éprouvés par de longs jeûnes, se jettent avec avidité sur la nourriture, et dévorent en une heure les provisions d'une semaine. Les seuls mots *Poscho! pamba!* (manger! ration!) peuvent secouer leur paresse.

« Le soir, lorsque la lune brille, le tambour commence à rouler, la jeunesse des villages voisins se rassemble autour du camp, et l'on se met à danser. Cette danse est un exercice violent, mais il ne paraît pas fatiguer ces Africains. Elle débute par des attitudes sérieuses et solennelles : un danseur paraît, le loustic du village ordinairement; il danse seul, en agitant les mains, les bras, les jambes; secoue sa peau de vache, encore couverte de poils, et tournoie autour du centre. Puis un cercle se forme autour du foyer; un homme s'en détache, ouvre le chant, et tous le suivent en chœur. Après quoi tous les danseurs piétinent alternativement de l'un et de l'autre pied, remuent les jambes comme des foulons, puis subitement se mettent tous à sautiller en mesure, avec une justesse parfaite. Alors commence une nouvelle danse. Ils agitent le corps en tous sens, d'abord modérément, puis avec une animation croissante, s'inclinent, se redressent, font tourner les bras comme des ailes de moulin à vent. Enfin une grande promenade termine cette partie de plaisir : c'est une sorte de galop infernal exécuté par des centaines de diables furieux; et alors le chant cesse forcément, car tous les danseurs se jettent avec des cris à plat ventre sur la terre pour reprendre haleine. Les vieillards contemplent avec ravissement ce spectacle, qui leur rappelle le temps où ils pouvaient se livrer à pareille fête, et

disent à haute voix : « C'est beau, c'est très beau! »
Les femmes dansent de leur côté.

« Lorsque la danse n'a pas lieu, on y supplée en
fumant et en chantant près du feu après le dîner.
Voici une chanson improvisée sur mon compte dans
une de ces haltes :

> Le méchant blanc vient de la côte!
>   Pati! Pati!
> Nous suivrons le méchant blanc,
>   Puti! Puti!
> Aussi longtemps qu'il nous nourrira,
>   Puti! Puti!
> Nous irons à travers les montagnes et les fleuves,
>   Puti! Puti!
> Avec la caravane de ce grand marchand,
>   Puti! Puti!

« Entre temps se disputent, crient et hurlent les
Beloutchis et les fils de Ramji, jusqu'à ce qu'à huit
heures environ le cri : « Lala! lala! » (dormir!) se
fasse entendre. Les hommes se jettent aussitôt sur
leur couche; les femmes travaillent souvent jusqu'à
minuit. Peu après toute la caravane s'endort, et présente alors un aspect particulier et saisissant. Les
feux à demi éteints flamboient çà et là, jettent dans
un vaste rayon des lueurs étranges sur les buissons
et les hauts arbres de la forêt sombre. Au-dessus de
moi, dans un ciel d'un bleu profond, les étoiles scin-
tillent d'une lumière argentée; à l'horizon du cou-

chant s'élève la lune étincelante, et près d'elle Vesper rayonne comme un diamant. »

L'expédition, continuant sa route à travers le pays d'Ousumboua, atteignit le village de Mséné, où les caravanes de commerce séjournent d'ordinaire quelque temps ; elle eut beaucoup à souffrir des pluies diluviennes et de l'humidité du pays, au point que, en arrivant au village de Kadchancheri, Burton tomba plus gravement malade que jamais. Des douleurs insupportables dans tous les membres, surtout au coucher du soleil, paralysaient le malheureux voyageur, et sa constitution athlétique sembla ne pouvoir supporter cette nouvelle attaque.

« J'ai vu, écrivait-il, la mort devant mes yeux ; tout mon corps était abattu et incapable de mouvement, mes membres étaient comme morts ; je n'avais plus aux pieds d'autre sensation que celle de la piqûre de milliers d'aiguilles ; impossible de mouvoir les bras ; une pierre ou une étoffe affectaient également mon toucher. Je me voyais là mourant, à deux mois de distance de tout secours de l'art, et le but de l'expédition n'était pas atteint ! Pourtant je me consolai en disant, avec les Arabes : « L'espé-« rance est une femme, le désespoir un homme. » Si l'un de nous mourait, l'autre pourrait survivre, et remettre en Europe le résultat de nos recherches. Lorsque j'avais entrepris le voyage, j'étais décidé à résoudre le problème ou à mourir. J'avais fait ce qui m'était possible pour cela ; il ne me restait plus qu'à mourir en homme. »

Au bout de dix jours, Burton put cependant remonter sur un âne, et cette fois après avoir traversé sur un bac le fleuve Malagarazi, qui va se jeter au lac, après avoir franchi les bois, les rivières, les vallées, les montagnes ; après des peines et des fatigues inouïes, le 13 février 1858, on déboucha d'une petite forêt à travers une clairière de hautes herbes, au sommet d'une colline, d'où la vue s'étendait au loin devant les voyageurs.

« Le guide fit un changement brusque de direction ; je le suivis en haut de cette butte escarpée, et lui demandai : « Qu'est-ce donc que cette ligne bril-
« lante que j'aperçois là-bas dans le fond ? — Je
« pense, dit Bombay, que ce doit être de l'eau. »
Je m'arrêtai surpris, suffoqué. Ma vue était encore faible, les arbres empêchaient le regard de s'étendre à l'aise, et un clair rayon de soleil dorait alors une petite portion du lac, dont le reste était dans l'ombre. Je m'adressai de vifs reproches sur ma sottise : j'avais donc joué ma vie et sacrifié ma santé pour venir découvrir cette misérable flaque d'eau ! Les Arabes avaient, pensai-je, exagéré, suivant leur habitude ; il ne me restait plus qu'à rebrousser tout de suite, et à chercher si je serais plus heureux au Nyanza, le

grand lac du nord. Cependant je fis encore quelques pas en avant, et soudain le lac tout entier se déroula dans sa majesté, et vint me remplir d'admiration et de ravissement!

« Rien de comparable, en effet, comme vue pittoresque, à l'aspect du beau lac Tanganyika, mollement couché sur son lit de montagnes, et se jouant au loin dans les chauds rayons d'un soleil tropical. A mes pieds s'abaissait, rude et escarpé, un amphithéâtre de collines, le long desquelles courait en zigzags le sentier le plus abrupt; tout au bas, une bande étroite d'un vert étincelant, riche et fertile au delà de tout ce qu'on peut dire; puis une pente douce conduit au sable jauni du rivage, ici découvert et livré sans défense au clapotement des vagues, là couvert de joncs et de roseaux. Juste en face de moi s'étalait la nappe des eaux du lac, d'un bleu doux et clair, large de trente à trente-cinq milles, et rayée par le vent d'est de longues lignes d'écume blanche comme la neige. Le fond du tableau était formé par une muraille haute, et brisée çà et là de montagnes d'un gris d'acier, les unes mouchetées de brouillards couleur de perle, les autres enveloppées de nuées, tandis que sur d'autres points elles découpaient leurs vives arêtes sur le bleu pur du ciel. Les gorges, les vallées, les fentes de montagnes s'y dessinaient en bleu foncé, et les

hauteurs qui dominent le lac s'abaissaient en collines arrondies, dont les vagues du lac venaient
lécher les pieds. Vers le sud, en face d'un long
promontoire bas derrière lequel le Malagarazi vient
rouler dans le lac ses eaux limoneuses, j'apercevais
les contreforts de l'Ouguhha, et un petit groupe d'îles
vis-à-vis. Sur le rivage, des villages entourés de
champs bien cultivés; le lac animé par les canots des
pêcheurs; puis, lorsque nous fûmes plus près, le
murmure perceptible des eaux : tout cet ensemble
était animé et vivant. Si quelques ouvrages d'art,
kiosques, mosquées, palais ou villas, étaient venus
faire contraste avec la prodigieuse puissance de végétation de cette nature exubérante, le paysage du
Tanganyika pourrait se comparer aux vues les plus
célèbres et les plus splendides du monde. Ce qui
pour moi doublait le charme de cette admirable
perspective, c'était le contraste avec la route parcourue, avec les vallées sombres et humides, avec
les mélancoliques solitudes, avec les insupportables
marécages. Combien l'aspect du lac enivrait mon
cœur et mes yeux! J'oubliai les incertitudes du
retour, les fatigues et les périls du voyage, et tous
ceux qui m'entouraient, depuis mon compagnon,
presque aveugle, jusqu'à notre factotum Saïd-ben-
Salim, semblaient partager mon bonheur. »

Le lac Tanganyika est situé entre le 3ᵉ et le

8° degré de latitude sud, vers le 27° de longitude est de Greenwich; sa longueur est d'environ trois cents milles anglais; sa largeur, de trente à quarante; son eau est douce et nourrit d'immenses quantités de poissons variés et délicats. Ses rivages sont habités par les Ouavira, les Ouarundi, les Ouajiji, au nord; par les Ouatembe, vers le sud. Le district d'Oujiji, où venaient d'aborder Speke et Burton, est sur la rive orientale du lac, à cinq cent quarante milles environ de la côte de Zanzibar; le voyage avait duré deux cent trente-trois jours.

Le 14 février 1858, une barque arabe, trouvée au bourg d'Ukaranga, transporta en trois heures les étrangers à Kaouélé, principale agglomération de cabanes du district d'Oujiji; ils y abordèrent au milieu d'une foule noire et curieuse, tellement étonnée, que les yeux leur sortaient de la tête, poussant des cris assourdissants renforcés d'un tapage infernal de tambours et de trompettes. On les installa dans la maison des étrangers, en vue du lac, et l'humidité excessive de cette misérable cahute ne fut guère propre à rétablir la santé détruite des deux voyageurs.

Un sol fertile, favorisé par une abondante humidité, fait d'Oujiji la province la plus productive de cette partie de l'Afrique. Des végétaux qui partout ailleurs ont besoin de culture croissent ici naturellement; tous les légumes, tous les fruits de l'Afrique s'y sont donné rendez-vous. La nature animale correspond, par sa vigueur et sa variété, à la splendeur de la végétation. Les troupeaux d'éléphants se jouent dans les vastes lisières de roseaux qui bordent le lac. Les hippopotames, ainsi que les crocodiles, abondent dans les eaux, et les buffles dans la plaine : parmi les bêtes carnassières, il faut ajouter aux hyènes des bandes de chiens sauvages. Plusieurs espèces d'oiseaux aquatiques vivent de la pêche, aux dépens des poissons du lac. Les serpents, les grenouilles, les scorpions, les fourmis blanches ou noires, les araignées et mille insectes hideux se montrent partout, envahissent les habitations, et finissent par en expulser l'homme. Ajoutons à ces fléaux les moustiques et la tsetsé.

Les naturels d'Oujiji sont fortement constitués et très noirs. Leurs pieds et leurs mains sont d'une largeur formidable ; leur accent est rude et strident ; leur regard est assuré ; leurs manières sont rudes jusqu'à l'insolence. Les femmes rivalisent de grossièreté avec les hommes, pénètrent dans la hutte de l'étranger, et s'y emparent sans scrupule de l'objet de leur convoitise. Les deux sexes se frottent d'huile et se barbouillent le visage et les cheveux, soit avec de l'ocre rouge, soit avec de la craie blanche, ce qui leur donne un air hideux et grotesque à la fois. Ils pratiquent aussi le tatouage. Les chefs aiment à se vêtir d'étoffes de couleur, qu'ils arrachent aux caravanes par leurs exactions. Les femmes riches portent aussi des robes bleues ou rouges. Les pauvres, au contraire, sont à peine couverts d'une peau d'animal sauvage, et leurs femmes n'ont que d'étroits tabliers fabriqués avec des fibres d'écorce. D'ailleurs les colliers de verroterie, de porcelaine ou de coquillages, les bracelets et les anneaux de métal sont une mode générale. Les hommes sont armés de petites haches de bataille, de lances et de grands arcs, qui projettent des flèches remarquablement pesantes. Les fusils sont très rares, et réservés aux chefs.

Les gens de l'Oujiji passent pour former la race la plus turbulente de cette région. A l'exemple de leurs chefs, ils sont insolents et cupides envers l'étranger, tournent en dérision ses manières et son langage, puis, pour le moindre service, veulent lui arracher un salaire exorbitant. Toujours prêts à la violence, ils ne respectent pas même les lois de l'hospitalité. Les enfants, dès leurs plus jeunes années, affectent la même rudesse et la même méchanceté que leurs parents; ils mordent et égratignent comme de petits chats sauvages. Observons encore que, la sobriété étant aussi inconnue que la propreté dans l'Oujiji, les habitudes d'ivrognerie doublent l'insolence naturelle des habitants.

A Kaouélé, nos voyageurs se trouvèrent soumis à l'autorité despotique d'un chef brutal et ignoble, nommé Kannéna. Lorsqu'il s'agit de louer quelques barques pour explorer le lac, Kannéna refusa nettement, et fit la même défense à tous ses sujets; ce fut là la source de longs retards, pendant lesquels la santé du capitaine Speke se remit peu à peu, et ce fut lui qui fut chargé de se rendre en canot à l'île de Kivira, où un Arabe nommé Hamid-ben-Suleyman avait un établissement, et pouvait leur fournir une grande chaloupe à voile pour leur exploration.

« Le temps perdu, écrit le capitaine Speke, eut du moins pour moi ce profit, que ma santé s'améliora, grâce aux bains fréquents et aux promenades dans l'air frais du matin et du soir. Le local où l'on se baigne est disposé sous l'influence de l'idée que le crocodile obéit à un certain charme : les naturels enfoncent dans l'eau, à cinquante yards du rivage, des branches d'un arbre particulier, et dans cette enceinte ils se croient en sûreté, parce que, dans leurs idées, le crocodile ne pourrait franchir cette barrière mystérieuse. A midi, protégé par un parasol et par une paire de lunettes, je visitais souvent le marché, pour échanger contre les denrées nécessaires nos perles de verre. Le marché se tient, entre dix heures du matin et quatre heures du soir, près du port; quelques huttes rapidement construites avec des branchages et des herbes sont démolies chaque jour. On y vend du poisson, de la viande, du tabac, de l'huile de palme, des spiritueux, diverses espèces de pommes de terre, des artichauts, des fèves, des cannes à sucre, une foule de légumes, de l'ivoire et parfois des esclaves. »

Le 3 mars, Speke s'embarqua dans une longue pirogue faite d'un tronc d'arbre creusé; l'équipage se composait de vingt-six hommes, formant une étrange bigarrure. La première nuit se passa à la côte sous de continuelles averses, et la journée du lendemain fut consacrée à ces pertes de temps si communes en Afrique. Le 5 mars, les rameurs poussèrent l'embarcation le long de la côte occidentale du lac.

« Dans cette étendue, dit Speke, la côte est escarpée, et surmontée de collines boisées qui forment le prolongement d'une haute chaîne, en forme de croissant, dont s'entoure la pointe nord du lac. On passe devant l'embouchure du Malagarazi, traversé antérieurement par la caravane en venant de Kaseh. A notre gauche, c'est toujours le même panorama de collines vertes couvertes de bois, panorama splendide, mais fatigant par son uniformité. Après une demi-heure de repos, nous reprenons la navigation, et volons devant la baie où se jette le fleuve. Ici, de grands roseaux brisent le cristal des eaux du lac ; c'est la demeure des crocodiles et des hippopotames, et ces derniers s'arrêtent à nous regarder d'un œil fixe, en grondant et en reniflant, comme furieux d'avoir été troublés dans leur paisible solitude. Nous ramons ensuite le long du rivage, pour atteindre avant la nuit Mgiti-Kambi, petit port charmant, qui se replie dans une anse en arrière des collines, invisible du lac. Si quelques signes de civilisation, des maisons blanches ou de beaux jardins interrompaient l'éternelle verdure des montagnes et des forêts, et brisaient l'uniformité de ce panorama de collines, de vallées, de prairies vertes et de bruns rochers, qui finit par fatiguer de sa splendide exubérance, ce serait un véritable paradis que cette rive du lac. L'eau, d'un bleu profond, contrastant avec le vert sombre des forêts et la couleur brune des rochers, produit une impression qui finit par s'émousser à cause de sa vivacité même. »

Le lendemain, au moment du départ, les éclairs illuminaient les collines lointaines ; de gros nuages lourds, accompagnés de coups de vents violents et de vagues écumantes, venaient du côté du midi ; on attendit, à l'abri, le passage de cette tourmente, semblable à celles dont le lac Tanganyika est souvent bouleversé. Le lendemain, nouvel orage ; après quoi, profitant d'un retour de beau temps, les navigateurs franchirent le lac dans sa largeur, et vinrent aborder à un groupe d'îles situé près de la rive occidentale, dont les principales sont Kivira, Kassenge et Kabizia. La plus grande est Kivira; elle a cinq milles de long sur deux de large; elle est boisée et très peuplée. On y cultive le manioc, la patate, le maïs, et la volaille y abonde. Le vêtement des insulaires consiste en petites peaux de singes noirs, en peaux de chats, en fourrures enlevées à tous les animaux qu'ils peuvent saisir. Ces peaux s'attachent à une ceinture tout autour du corps; la tête de l'animal pend par devant, tandis que la queue flotte par derrière avec une certaine grâce. Ces nègres sont fatigants au plus haut point par leur curiosité, et la patience de Speke fut bien souvent poussée à bout par leur contemplation stupide ou leur bavardage incohérent.

Malheureusement pour l'expédition, le négociant arabe de l'île Kassenge, tout en exerçant l'hospitalité la plus large vis-à-vis de l'officier anglais, imagina une suite de délais pour se dispenser de prêter son embarcation, et Speke dut revenir à Kaouélé, près de son compagnon, sans avoir réussi dans la mission dont il s'était chargé.

Burton résolut alors d'explorer la partie septentrionale du Tanganyika, d'où, au dire des gens du pays, un fleuve important sortait, se dirigeant vers le nord. Les négociations avec Kannéna furent laborieuses, et il fallut subir des conditions exorbitantes pour en obtenir deux canots : l'un de vingt mètres de long, portant trente-trois rameurs, fut monté par Burton et par Kannéna; l'autre, long de treize mètres environ, fut dévolu à Speke. On devait se diriger sur Uvira, grand marché situé au nord-ouest du lac, où les Arabes vont acheter les dents et les esclaves qui font l'objet de leur commerce.

« Le 12 avril 1858, nous quittâmes enfin le mouillage, et pour la première fois notre noble pavillon flotta sur les eaux profondes du Tanganyika. Nous longions la rive orientale en nous dirigeant vers le nord. La côte était montagneuse et verdoyante. De distance en distance, au débouché des vallons qui déversent dans le lac les eaux de la plaine, nous apercevions de pauvres hameaux de pêcheurs, composés de cinq ou six huttes construites en forme de ruches d'abeilles.

« Pour tout mobilier, ces misérables huttes contiennent seulement les pierres du foyer et les nattes qui servent de couche à leurs habitants. Souvent nous pouvions distinguer ceux-ci, assis sous l'ombrage des arbres auxquels étaient attachés leurs filets. Leurs canots, amarrés sur la plage à une distance où le ressac ne pouvait les atteindre, leur servaient de sièges ou d'appuis.

« Il convient de dire ici quelques mots de notre manière de naviguer. Le mouvement des pagaies est accompagné d'une sorte de hurlement mélancolique et prolongé, auquel répond par intervalles un chœur étourdissant de cris aigus. A cette déplaisante musique vocale il faut ajouter, sur chaque canot, deux ou trois hommes incessamment occupés à souffler dans des cornes de bœuf, ou à frapper à tour de bras sur une sorte de tam-tam. Ce vacarme infernal est continu : il ne cesse que dans les instants de grande terreur qui partout produisent le silence. Les noirs manient la pagaie avec une telle maladresse, qu'à chaque coup ils emplissent d'eau l'embarcation, ce qui me soumettait à un bain froid ininterrompu. Vainement je leur conseillais le mouvement régulier, qui seul est durable : tantôt ils travaillaient avec une ardeur fébrile qui les mettait subitement hors d'haleine ; tantôt ils refusaient de bouger ; tantôt les deux canots venaient à se heurter, et il s'ensuivait un échange d'injures et de menaces, suivant les usages de ces barbares. De temps en temps nos matelots s'arrêtaient pour manger, pour boire ou pour fumer. Nous ne passions jamais à portée d'un village sans qu'une dispute s'élevât parmi nos hommes, les uns voulant mettre pied à terre, les autres voulant pousser en avant. Quant au capitaine, tranquillement assis à la place la plus commode de l'embarcation, il usait rarement de son autorité. Si le canot s'approchait du rivage, les rameurs sautaient à terre sans rien consulter que leur propre caprice. Le soir, arrivés au lieu où l'on devait passer la nuit, ils se dispersaient, les uns pour ramasser du bois, les autres pour chercher des vivres, tandis que le reste, à l'aide de bâtons et de cordes d'écorce, dressait avec les nattes du bord de petites huttes en forme d'une moitié d'orange. Ces abris peuvent garantir quatre ou cinq personnes, sauf les jambes toutefois, qui débordent en dehors. Il n'y avait d'ailleurs pas de halte fixe; rien n'était prévu d'avance, rien n'était régulier, d'où il résultait une perte de temps considérable...

« Le 19, nous franchîmes heureusement le lac, et atteignîmes la côte orientale de l'île Oubwari; nous contournâmes ensuite la pointe nord, et allâmes passer deux jours sur la côte occidentale de cette longue et verdoyante arête. On dit que les habitants en sont anthropophages; c'est sans doute par misère et par paresse; car ces malheureux, ne sachant pas cultiver la terre admirablement fertile qu'ils habitent, sont obligés, pour subsister, de recourir aux aliments les plus dégoûtants, aux rats, aux reptiles, aux insectes, qu'ils dévorent sans même prendre la peine de les faire cuire; d'où l'on peut conclure qu'ils n'ont aucune répugnance pour la chair humaine, même non rôtie. Rien de plus dégradé que cette race infortunée, redoutable aux cadavres des morts bien plus assurément qu'à la personne des vivants ; ce qui n'empêcha pas nos équipages noirs de ressentir une terreur profonde en touchant le rivage de l'île. »

Le 26, franchissant le second bras du lac, on atteignit l'Ouvira, sur la rive ouest du lac, et l'on y trouva une population bienveillante et empressée pour les étrangers. « Notre réception y fut splendide : la foule se rassembla pour voir débarquer les deux marchands blancs, et les saluer par un concert vocal et instrumental qu'il serait au-dessus de mes forces de décrire. Pour répondre à cette politesse, les capitaines de nos barques exécutèrent à bord, et en vue de la population entière, une danse dans laquelle ils déployèrent la gravité, et surtout la grâce de ces ours que l'on montre dans nos foires. Ils étendaient les bras, pirouettaient sur les talons, s'accroupissaient et se redressaient ensuite, à la satisfaction générale du public, tandis que les matelots grimaçant comme des singes, ajoutaient, en grattant de leurs pagaies le flanc des canots, un accompagnement digne de la gravité de la circonstance.

« Nous étions donc parvenus à la dernière station commerciale de cette région. Nous pouvions voir l'ivoire et les esclaves du centre du continent s'échanger sous nos yeux contre le tabac, les verroteries et les étoffes de l'Europe; mais nous pouvions aussi mesurer les obstacles qui empêchent les commerçants, pionniers de la civilisation, de dépasser cette limite.

« Le 28 avril, je reçus la visite des trois fils de Maruta, sultan de ce pays. C'étaient de beaux jeunes gens d'un noir de jais, à la taille souple et vigoureuse, aux membres athlétiques, aux traits réguliers, à la physionomie prévenante, avec des yeux pleins de feu et des dents de perle. Ils portaient des colliers et des bracelets d'ivoire. Je m'empressai de les interroger sur la mystérieuse rivière du haut lac; ils me répondirent qu'elle existait en effet, et qu'ils l'avaient visitée, mais qu'au lieu de sortir du lac, comme je paraissais le croire, elle y rentrait. Et les témoins de notre entretien confirmèrent unanimement cette réponse... »

On devine la stupéfaction et le désappointement de Burton, qui croyait avoir, dans cette mystérieuse rivière, reconnu la source du Nil. D'ailleurs tous les efforts pour décider ses compagnons à visiter l'extrémité du lac furent inutiles : la crainte des anthropophages les en empêcha, et l'on se rembarqua pour Kaouélé, où l'on arriva le 13 mai, après une traversée semée d'incidents désagréables. Cette excursion fatigante, et pourtant peu fructueuse, eut du moins ce résultat inespéré que la santé des deux voyageurs anglais s'en trouva notablement améliorée, et qu'ils purent, le 26 mai, après la cessation des pluies, quitter le misérable bourg d'Oujiji, où ils avaient tant souffert, et reprendre la route de Kaseh.

« Je n'oublierai jamais, dit Burton, la matinée du 26 mai, qui pour la dernière fois m'offrit le magnifique spectacle du soleil se levant sur les eaux et les montagnes du lac Tanganyika. Le charme de cette scène était encore rehaussé par la pensée que je la contemplais pour la dernière fois. Ma mélancolique jouissance ne fut pas de longue durée. Des sons peu harmonieux vinrent bientôt me rappeler à la vie pratique, et je me vis entouré par la troupe de nouveaux porteurs engagés pour nous suivre jusqu'à Kaseh. Tous se montraient impatients d'entendre le signal du départ. Les uns, se tenant debout sur une seule jambe, comme les grues, croisaient l'autre jambe à la hauteur du genou ; d'autres passaient fraternellement le bras autour du cou du voisin ; d'autres enfin, le plus grand nombre, demeuraient accroupis sur leurs talons, à la manière des Africains ou des singes. Après quelques instants, des coups de fusil annoncent que la caravane d'un marchand arabe avec qui nous devons voyager se met en route, et en un clin d'œil, sans attendre mon signal, mes noirs disparaissent comme une volée d'oiseaux, me laissant seul avec le capitaine Speke. »

Le voyage jusqu'à Kaseh dura vingt-six jours ; il

fut signalé, comme toujours, par les révoltes, les désobéissances, les désertions de l'escorte, et par un incident odieux qui montre que partout le trafic des esclaves est encore aggravé par la cruauté la plus indigne.

Le kirangozi ou chef des Ouniamouézi, qui depuis la côte n'avait cessé d'accompagner l'expédition, était resté en arrière, parce qu'une jeune esclave achetée par lui s'était blessée aux pieds et se trouvait dans l'impossibilité d'aller plus avant. Voyant cela, il lui trancha la tête pour empêcher qu'aucun autre n'en profitât.

A Kaseh, l'on retrouva l'hospitalité arabe et l'excellent Snay-ben-Amyr ; la caravane s'arrêta quelque temps pour se reposer de ses fatigues. Tout le monde était retombé malade, Burton se trouvait toujours dans l'impossibilité de marcher ; et pendant cette halte forcée, comme Speke était déjà bien rétabli avant que l'organisation du départ fût terminée, il fut décidé qu'il irait, à la tête d'une petite troupe, pousser une excursion droit au nord de Kaseh, pour reconnaître un autre lac appelé Nyanza par les Arabes, qui lui donnaient une étendue bien plus grande qu'au lac Tanganyika. Il était d'une haute importance, au point de vue scientifique et commercial, de vérifier les renseignements des marchands arabes, et Speke partit le 10 juillet, accompagné de

Bombay, des Beloutchis et de quelques porteurs.

La route suivie par le capitaine Speke se dirige droit vers le nord, sur un plateau ondulé et salubre, de trois à quatre mille pieds d'élévation au-dessus de la mer, à travers les districts d'Ounyaniembé, d'Ounyambewa, d'Ouamanda, d'Ouaoumba, de Salawé, d'Ousoukouma. Le pays est, comme nous le disions plus haut, un plateau accidenté, traversé par des collines granitiques ou sablonneuses, des plaines basses et fertiles, des vallées verdoyantes. On voit, comme dans l'Ougogo, beaucoup de blocs granitiques isolés ; les sommets des collines sont nus, leurs flancs revêtus de petits arbres, de cactus et d'aloès.

La plaine représente une végétation riche et variée ; mais les grands arbres sont rares, à l'exception du baobab et du palmier. De belles forêts alternent avec des champs cultivés et d'une richesse extraordinaire ; la population est extrêmement nombreuse et active, et les sources d'eaux excellentes y sont tellement abondantes, qu'il n'est nul besoin de creuser des puits pour les caravanes.

Les villages, comme dans tout l'Ouniamouézi, sont bâtis d'une manière relativement opulente. Ce sont de grands quadrilatères, dont les côtés sont formés par les huttes ; celles-ci sont rangées de telle manière, qu'elles embrassent une espèce de rue entre deux murs, et cette rue est coupée ensuite par des murs en terre. Le toit plat sert de grenier pour conserver le bois à brûler, le grain, les citrouilles, les légumes et les autres végétaux.

Dans le pays d'Ousagari, la caravane se croisa avec une autre venant du lac, et Speke fut témoin du singulier salut des deux conducteurs. L'usage veut que lorsque deux caravanes se rencontrent en un même chemin, les guides s'avancent l'un vers l'autre et luttent à coups de tête comme feraient deux béliers, jusqu'à ce que l'un des deux soit renversé. Alors, au milieu d'éclats de rire et d'exclamations bruyantes, la caravane vaincue s'écarte et fait place à l'autre.

Dans le pays de Msalala, on rencontre une série de paysages pittoresques et plantureux, sillonnés d'immenses troupeaux de bœufs et habités par une population nombreuse.

« Ougogo, sur la route marchande de la côte à Oujiji, est toujours cité par les gens du pays comme un exemple de district extrêmement peuplé; mais ce que nous vîmes là jeta tous mes hommes dans la stupéfaction. Les bords de notre route étaient occupés tout le jour par une double rangée de noirs, tellement serrés et tellement curieux, qu'il fallait le bâton pour s'en débarrasser. Pauvres gens! ils n'avaient jamais vu d'homme blanc, et leurs yeux ne pouvaient se rassasier de me contempler.

« Le 27 juillet, lorsque nous quittâmes la palissade d'un village du district de Salawé, nous aperçûmes tout à coup au loin une colonne de granit haute et élancée, plus élevée que la colonne de Pompée à Alexandrie, et que le monument de Nelson dans Charing-Cross à Londres. Le pied de cette colonne est environné de blocs de granit, tels que ceux qu'on voit à Stonehenge, dans la plaine de Salisbury. Mon esprit fut saisi d'étonnement à l'aspect de ce jeu singulier de la nature, et se demandait par quelle puissance ces pierres avaient pu être apportées dans une semblable position. Mais, environ huit milles plus loin, nous rencontrâmes une seconde colonne, encore plus élevée que la première, et s'élançant plus haut au-dessus de tous les arbres environnants. Ces deux rochers nous servirent de signaux pour une bonne partie de la route; car on les voit au moins d'une distance de huit milles. »

Le voyage se prolongea à travers un pays toujours pittoresque et bien peuplé, riche en produits tropicaux, en troupeaux, en cultures de dourrah, de sorgho et de cannes à sucre. Le 3 août, on quittait le village d'Isamiro, situé dans le voisinage d'une sorte de ruisseau à demi desséché, et l'on aborda une colline à laquelle Speke donna le nom de Somerset.

« Au moment où nous en atteignîmes le sommet,

dit Speke, mon regard tomba soudain sur la surface immense des eaux bleu pâle du lac de Nyanza. C'était le matin de bonne heure ; la ligne lointaine de l'horizon du lac se dessinait dans une atmosphère tranquille, entre le nord et l'ouest ; mais cela ne donnait pas l'idée complète de l'étendue du lac, parce qu'un groupe d'îles, auquel je donnai le nom d'archipel du Bengale, s'élevant comme des pics isolés jusqu'à deux à trois cents pieds au-dessus de la surface de l'eau, brisait la perspective à gauche, tandis que, sur la droite, la pointe occidentale de l'île Oukéréoué arrêtait la vue dans la direction nord-ouest. Cette île, et l'île Mzita, éloignée de vingt à trente milles, formaient la côte nord apparente du bras oriental du lac ; le nom de la première de ces îles nous était connu : c'était celui sous lequel le lac lui-même nous avait été désigné par les Arabes. Elle n'est pas très grande, d'après les dires des naturels, et je pouvais de loin discerner les différents gradins de montagnes, qui, de l'arête centrale, tombent successivement jusqu'à la mer. L'autre île, Mzita, est plus haute, et présente l'aspect du dos d'un pourceau.

« La vue qui s'étendait sous mes yeux était telle, que, même dans un pays bien connu et bien visité, elle eût frappé le voyageur par sa beauté sereine et paisible. Les îles, se raccordant en pentes douces à

des sommets arrondis, couvertes de bois parsemés
de rochers de granit sauvages, anguleux, entassés
les uns sur les autres, se reflétaient dans le cristal
uni des eaux du lac, sur lequel j'apercevais çà et là
courir un point noir, agile canot d'un pêcheur de
Muanza. Dans la plaine qui s'étageait mollement sous
mes pieds, une fumée bleue tremblait entre des massifs d'arbres qui çà et là laissaient entrevoir des huttes
et des tembés dont le toit brun contrastait avec le
vert éclatant du *milk-busch*. Ces arbres, aux branches
dentelées, entourent en masse les villages, et y forment d'aussi belles allées et d'aussi capricieux dé-
tours que ceux d'un parc anglais. Muanza, le terme
de notre voyage, était à nos pieds; ce village est situé
dans une plaine ouverte, bien cultivée, au sud du lac
et presque au même niveau, dans un angle qui présente l'aspect le plus prospère et le plus agréable.
Mais tout le charme du paysage disparaissait encore
devant les impressions plus fortes et plus élevées
qui naissaient de la pensée de l'importance géographique et commerciale du lac situé devant moi; car
je ne pouvais plus douter que je ne visse là la source
de ce fleuve intéressant[1], objet de tant d'hypothèses
et but de tant d'explorateurs. »

[1] Le Nil. Le capitaine Speke s'est efforcé de démontrer que le Nil
Blanc n'est autre chose que le déversoir du grand lac découvert
par lui.

Malheureusement pour sa gloire et pour la science, le pauvre capitaine trouva à Muanza, dans la personne du sultan Mahaya, le même mauvais vouloir que sur le lac Tanganyika dans la personne du marchand arabe. Il fut reçu avec beaucoup de douceur et de générosité ; mais on ne lui permit ni de visiter l'île Oukéréoué, ni de faire une excursion sur le lac en canot. Il fallut se contenter de renseignements recueillis de la bouche des indigènes et des négociants arabes : d'après eux, le lac s'étend sans fin vers le nord, et donne naissance à un fleuve du nom de Kirvira, qui, sur un lit de rochers, court avec impétuosité vers le Nil : d'où Speke conclut, peut-être un peu légèrement, que ce fleuve n'était autre que le Nil lui-même. A l'est, le lac Nyanza est bordé de pays et de peuples inconnus ; à l'ouest, les montagnes qui forment le bassin du Tanganyika vers le nord se continuent, et les caravanes arabes qui vont de Kaseh commercer dans les royaumes de Karagouah et d'Ouganda traversent un pays accidenté, riche en bestiaux et en cultures, sillonné de fleuves qui descendent vers le lac Nyanza.

Le royaume de Karagouah paraît très humide ; il y a deux saisons de pluies. Les vents régnants sont, comme dans l'Ouniamouézi, le *kascasi*, ou nord et nord-est, et le *kosi*, ou vent du sud, accompagné de fortes pluies. Le tonnerre et les éclairs sont alors très fréquents. Le temps des semailles commence, comme à Mséné et dans l'Oudjiji, avec les pluies; on remue d'abord la terre profondément avec des pioches, puis on l'ensemence de maïs, de millet et d'autres graines. On ne connaît pas le riz; la céréale la plus usitée est le dourrah, qu'on sème au moment des pluies de novembre. On cultive aussi dans le Karagouah, où on l'y importe du nord, une petite espèce de café sauvage, le *mouami*. Elle est amère, de petite croissance, et la fève n'est guère plus grosse qu'une tête d'épingle. Ce café ne se boit pas comme chez les Arabes; mais on se contente d'en jeter une poignée dans l'eau chaude, qui se colore en brun. D'après les Arabes, ce café a des propriétés excitantes, entreprend la tête, donne une boisson rafraîchissante, et rappelle quelque peu le goût de la fève de Moka. Les bœufs sont d'une bonne race, avec de petites bosses et de grandes cornes, comme dans l'Oudjiji et l'Ouvira. Les troupeaux se comptent par les taureaux (*goundou*), dont un par cent vaches. Le dernier sultan, Ndgara, avait en propriété deux cents goundous ou vingt mille vaches, dont la moitié lui fut enlevée dans une guerre civile. Les troupeaux font la richesse principale du Karagouah; la viande de bœuf et le lait mélangé avec du miel des montagnes forment la principale nourriture des gens riches du pays.

Au nord de Karagouah, après avoir passé le
fleuve Katonga, on arrive en quatre étapes à Kibouga, capitale du royaume d'Ouganda. C'est là
que réside le grand Mkama, ou souverain de l'Ouganda; c'est là aussi que s'arrêtent les caravanes
arabes qui vont de Kaseh vers le nord. Suivant le
récit de ces Arabes, la ville de Kibouga a bien une
journée de marche de longueur; les habitations sont
faites de roseaux et de rotin. Le palais du sultan a
au moins deux kilomètres de longueur; il est composé de huttes circulaires parfaitement alignées et
fermées d'une forte palissade à quatre portes. Des
cloches adaptées aux différentes issues annoncent
l'arrivée des étrangers, et des centaines de guerriers y montent la garde, ayant à leur tête quatre
chefs, qui sont remplacés de deux jours en deux
jours. Ils passent la nuit sous des tentes de peau,
attendant les ordres du roi, qu'ils servent au péril
de leur tête. Le harem renferme bien trois mille personnes, femmes, esclaves et enfants. Nul homme ne
peut, sous peine d'amende, pénétrer plus loin que
le *barzah*, grande salle d'audience où le roi rend la
justice et perçoit les offrandes. Ce palais est souvent
frappé par la foudre, et, quand la chose a lieu, les
soldats sont tenus de se rassembler et d'éteindre le
feu en se roulant dessus.

L'armée d'Ouganda se monte à trois cent mille

hommes au moins; et, comme chacun d'eux est obligé d'apporter un œuf quand on passe la revue, le nombre des soldats présents est facile à constater. Chaque soldat porte une lance, deux sagaies, une dague et un bouclier; il n'y a pas d'arcs ni d'épées. L'armée est suivie de femmes et d'enfants qui transportent les vivres pour les combattants, ainsi que l'eau et les armes. Pendant le combat on frappe les tambours d'une manière continue avec des baguettes : dès que le bruit cesse, chacun prend la fuite.

Les gens de l'Ouganda sont presque toujours en guerre avec leurs voisins les Ouayoro, les Ouasoga, etc. Il ne se passe pas de jour où des convois de fourrages n'entrent dans la capitale ou n'en sortent; et, quand la guerre avec les voisins cesse, le roi trouve toujours le prétexte d'une prétendue révolte pour tomber sur l'une de ces provinces, faire massacrer les principaux habitants et vendre le reste, afin de remplir son trésor. Il y a de fréquentes exécutions où l'on abat jusqu'à vingt personnes à la fois.

Le roi va souvent à la chasse avec ses soldats et les oblige à attaquer les bêtes féroces sans le secours de leurs armes, comme aussi à vaincre un éléphant par la seule force du nombre. Lorsqu'il entre dans un village, il pousse un cri auquel les habitants répondent par des cors, des flûtes en roseau ou en

fer, et d'autres instruments du même genre. Sunna,
le dernier despote, mort en 1857, passait souvent
des revues de sa grande armée; assis devant la porte
de son palais, il tenait de la main droite une épée,
de la gauche une longue courroie, à l'aide de laquelle il retenait un chien monstrueux. Le garde du
chenil est un personnage important. Sunna prenait
aussi plaisir à disposer les hommes en rond et à les
faire battre ensemble jusqu'à ce que la mort s'en-
suivît; il avait une ménagerie de lions, d'éléphants,
de léopards et d'autres bêtes sauvages, auxquels il
donnait en pâture les criminels; il entretenait enfin
une douzaine d'albinos et en général recherchait
toutes les choses singulières et bizarres. Les Arabes
le dépeignent comme un homme « rouge », de quarante-cinq ans, de haute et forte stature, et d'une
contenance royale. Sa tête était rasée de la manière
appelée *el Kischah* par les Arabes, c'est-à-dire qu'il
ne conservait qu'une ligne de cheveux courant du
front à la nuque comme une crête de coq; cette
crête, entremêlée de perles de verre et de porcelaine, se balançait à droite et à gauche, ce qui donnait à cet homme un aspect singulier et sauvage.
Ce mode de coiffure n'est toléré qu'à la cour; il est
interdit à tous les autres sujets.

Les principaux officiers sont le *kimara-vyona*,
chef civil du pays, qui gouverne la capitale et com-

mande aux *kabaka* ou gouverneurs de province; le *sakibobo* ou généralissime, qui a sous lui les *savoua-ganzi* ou gardes du corps, les esclaves, les soldats et les architectes du palais. La justice est adminis-trée dans Kibouga par le sultan; dans les autres villes, par un *mhozi*; on n'inflige d'autres peines que la mort et les amendes. Les grands criminels sont ou décapités, ou brûlés, ou écorchés vifs. L'évasion d'un coupable entraîne la destruction du village entier; on massacre les hommes et l'on tue les femmes.

Le principal favori de Sunna était un nommé Isa-ben-Hoffein, Beloutchi et ancien soldat du sultan de Zanzibar, qui, s'étant enfui pour quelque peccadille, était arrivé de proche en proche jusqu'à l'Ouganda. Là le souverain lui fit cadeau d'une quantité d'ivoire et de deux cents femmes pour son harem; Isa fut nommé son garde du corps et siégeait à la droite du prince, portant son arquebuse. Les indigènes nommaient cet aventurier *Moagaya,* c'est-à-dire le Chevelu, à cause de sa longue chevelure et de sa forte barbe. Après la mort de Sunna, il s'enfuit dans l'Ounyoro.

Sunna aimait les Arabes et favorisait leur com-merce, à cause des présents qu'il en recevait. Sney-ben-Amir visita sa cour en 1852. Lorsqu'il y fut arrivé, le sultan lui fit dresser une tente; il y reçut

la visite d'une foule bienveillante, des cadeaux en
bœufs, en blé, en cannes à sucre, et, après quatre
jours de repos, il fut conduit en cérémonie dans le
barzah, devant lequel se tenaient deux mille gardes
du corps armés seulement de bâtons. L'Arabe con-
serva ses armes; un interprète l'introduisit dans le
palais, où il salua le sultan, qui, sans se lever, fit
signe à son hôte de prendre place. A côté de Sunna se
trouvaient deux lances et son chien favori. L'Arabe
se mit à genoux, courba la tête, regardant par terre,
et non pas au visage de ce *dieu sur la terre*, puis
se croisa les mains sur la poitrine. A une distance
d'environ cinquante pas, entre le prince et les
gardes, s'étaient assis les ministres, et vers l'intérieur du palais on apercevait ses femmes favorites;
tout autour de la salle brûlaient des torches d'un
bois très riche en gomme. A la seconde audience,
Sney-ben-Amir offrit son présent, consistant en dix
pièces de cotonnade, des perles de verre ou de corail,
et reçut en échange deux dents d'éléphant et deux
esclaves. Il eut avec le prince de fréquents entre-
tiens, où celui-ci se montra bienveillant, curieux,
intelligent et très avide d'entretenir de bonnes relations avec le sultan de Zanzibar et avec ses marchands. Il donna à Sney une escorte de deux cents
hommes, et de nombreux cadeaux lorsqu'il partit.

Une partie de ces données furent recueillies par

Burton, en interrogeant les nègres esclaves qui provenaient des pays voisins du Nyanza; et certes ces interrogatoires demandaient au capitaine autant de perspicacité que de patience. On en jugera par le dialogue suivant, qui avait pour but d'arracher à un nègre ouapoka la nomenclature des noms de nombre dans le langage de sa peuplade.

« Lorsque j'interrogeais les esclaves sur leur pays ou sur leur langage, ils s'enfuyaient ou restaient là, muets, stupides. Ainsi voulais-je savoir comment se désignent les nombres :

« — Écoute, ô mon frère, dans la langue de la « côte nous disons un, deux, trois, quatre, cinq. » Et je désignais la chose avec les doigts, afin d'être mieux compris.

« Le sauvage me répondait : « — Hu, hu! nous « disons doigts.

« — Ce n'est pas cela, disait-on. L'homme « blanc te demande comment tu désignes un, deux, « trois.

« — Un, deux, trois. Quoi? des moutons, des « chèvres, des femmes?

« — N'importe. Voyons, comment dis-tu un, « deux, trois moutons dans ta langue, la langue « des Ouapoka?

« — Hi! hi? Qu'est-ce que l'homme blanc a à « faire avec les Ouapoka? »

« Et nous continuions de la sorte ! On comprend à quel point l'homme blanc devait perdre patience. »

Le 25 août, le capitaine Speke était de retour de son excursion au Nyanza : son arrivée fut le signal d'une nouvelle discussion très vive entre lui et son compagnon, car la bonne entente avait été souvent troublée pendant le cours du voyage. Speke était convaincu qu'il avait de ses yeux vu le réservoir du Nil Blanc ; Burton combattit vivement cette idée, et l'aigreur ne fit que croître dans les relations mutuelles des deux voyageurs anglais. Quoi qu'il en fût, le moment du retour était arrivé, et l'on ne songea plus qu'à organiser la caravane pour regagner la côte.

Le 26 septembre, l'excellent Sney-ben-Amir assista au départ des voyageurs et leur offrit pour une dernière fois un repas hospitalier. Puis on parcourut sous un ciel de feu et par un vent froid les trois milles de chemin qui conduisent à Masui, où attendait Saïd-bin-Selim avec toute la caravane. Ce ne fut que le 4 octobre, après d'interminables retards, que celle-ci atteignit Hanga, ancien campement de Burton à l'entrée de l'Ouniamouézi. Plusieurs esclaves avaient déjà fui ; les fils de Ramji étaient plus intraitables que jamais ; les porteurs, toujours difficiles à mener.

A Hanga, Speke tomba malade d'un refroidisse-
ment causé par le vent d'est, qui soufflait violem-
ment; la fièvre le faisait trembler. Dans ce misérable
hameau de Hanga, les deux Européens habitaient
une sorte d'étable où la vermine fourmillait. Un vent
glacial soufflait dans cette triste demeure. Speke
était sourd d'une oreille, avait un œil enflammé, le
visage gonflé; il sentait circuler par tout son corps
une douleur dont le siège était au foie ou à la rate.
Puis le malade ressentit au-dessus du sein droit une
cuisson, comme par un fer brûlant, qui s'étendit
dans la région du cœur, avec des élancements aigus,
enveloppa la rate, s'attacha à la partie supérieure
du poumon et finit par se fixer dans le foie. Le
16 octobre, au point du jour, Speke s'éveilla dans
un rêve terrible : des bandes de tigres, de léopards
et d'autres bêtes féroces s'étaient ruées sur lui avec
des crocs de fers, et le traînaient par terre comme si
un orage l'emportait. Il était assis sur son lit, se
frappant les flancs de ses mains; la douleur l'égarait;
il appela Bombay, qui avait déjà souffert lui-même
autrefois du *kichyoma-chyoma* (c'est-à-dire petit-
fer). Bombay saisit Speke au bras droit, le mit sur
son séant, car il ne pouvait rester couché, et lui
tourna la tête et le côté gauche en arrière. Aussitôt
les élancements douloureux cessèrent, les crises suivantes devinrent plus faibles; mais le malade avait

comme perdu l'esprit et voulait toujours se frapper les côtés, si Bombay ne l'en eût empêché.

Le lendemain, Speke, appuyé sur Bombay et Gaetano, se traîna vers la tente; mais à peine avait-il renvoyé l'un des serviteurs pour lui chercher un siège et perdu ainsi l'un de ses appuis, qu'il ressentit de nouveau des crampes violentes et des élancements : tous ses muscles se contractaient. Les domestiques le portèrent dans la maison; là il fut pris d'attaques d'épilepsie et se débattait comme un malheureux saisi de la rage. Il cria qu'il voyait partout des diables, des géants, des esprits à tête de lion, qui lui arrachaient les nerfs et les tendons jusqu'aux os des jambes. Il s'assit enfin ou plutôt se laissa tomber sur sa chaise, des crampes dans tous les membres, le visage pétrifié, les yeux fixes, le corps raidi, poussant des espèces d'aboiements; sa bouche et sa langue étaient agitées d'un mouvement convulsif; les lèvres étaient saillantes, la respiration entrecoupée; en un mot, l'aspect du malade était si horrible, qu'on ne le reconnaissait plus.

Après que ce troisième accès, le plus violent de tous, se fut calmé, Speke demanda une plume, du papier et traça quelques lignes sans suite pour dire adieu à sa famille. Heureusement la crise était franchie : à partir de ce moment il put se mouvoir, avec beaucoup de prudence, mais jamais sans soutien; la

nuit suivante fut meilleure; mais il fallut l'envelop-
per dans des toiles, et ce ne fut qu'après quelques
semaines qu'il put de nouveau se coucher sur le
côté. La douleur, sans avoir tout à fait cessé, était
moins violente, comme si, remarqua le malade, le
couteau qui lui paraissait fixé dans ses flancs eût été
remis au fourreau. Tels sont les effets du kichyoma-
chyoma africain; c'est ou une suite de la fièvre qui
n'épargne pas les Européens sur la côte de Zanguebar, ou peut-être un résultat de ces miasmes
qui engendrent tant de maladies sous les tropiques.
Burton fit demander précipitamment des médecins
à Sney-ben-Amir; les Arabes se servent contre le
petit-fer de myrrhe pulvérisée avec la farine de
phaseolus mungo, dont ils forment une bouillie
qu'on applique sur les membres. Le moyen ne réussit
pas au capitaine Speke. Saïd-bin-Salim pérorait
beaucoup sur l'influence exercée par la comète bril-
lante que l'on voyait alors au ciel du côté du couchant, et insista vivement pour que l'on consultât le
mganga de la caravane. Ce vénéré personnage fut donc
aussi mandé. Il réclama d'abord son salaire, à savoir
une grande chèvre; il frotta la graisse de cette bête
sur deux petits bâtons, qu'il attacha avec une corde
en écorce d'arbre autour des reins du pauvre Speke,
comme un remède miraculeux; mais le fil cassa
bientôt après.

Enfin, le 12 octobre, on quitta le misérable bourg de Hanga pour regagner la côte. Ce fut là le dernier épisode grave du voyage ; de l'Ougogo à Zungomero, l'on suivit une route un peu différente de la première, et l'on y arriva le 29 décembre ; le 4 mars de l'année suivante, Burton rentrait à Zanzibar, et le 22 mars il en partait pour Aden, revenant vers l'Europe, épuisé, malade, mais heureux d'avoir si complètement accompli sa mission.

Quant au capitaine Speke, revenu en Angleterre presque aveugle, il a pris à peine le temps de publier ses découvertes, et il est reparti pour Zanzibar, d'où il s'est lancé de nouveau à la découverte du lac Nyanza et des sources du Nil.

Le beau voyage de Burton et de Speke a vivement impressionné l'Europe ; ils ont ajouté un pays immense à ce que nous connaissions de l'Afrique ; ils ont modifié les cartes de cette région d'une manière profonde, donné une nouvelle impulsion aux explorations de l'intérieur, et mérité ainsi les honneurs que les sociétés de géographie se sont empressées de leur rendre.

CHAPITRE VI

EXPÉDITIONS A LA RECHERCHE DES SOURCES
DU NIL BLANC

§ 1

Importance de la question des sources du Nil. — Le fleuve Blanc. —
Khartoum. — Expéditions égyptiennes. — Brun-Rollet. — Trafiquants et missionnaires.

La question des sources du Nil, qui a eu depuis
vingt siècles le privilège d'intéresser toutes les nations civilisées, n'a jamais été plus discutée que
depuis une trentaine d'années. Déjà posé par Héro-
dote, éclairé d'une lueur vague par les renseignements de Ptolémée, l'expédition des centurions
envoyés par César, et les géographes arabes et portugais, ce problème étrange n'a cessé de déjouer les
efforts des hommes et de grandir en importance à
travers les siècles. Ces entreprises avortées, ces victimes généreuses tombées avant d'atteindre le but
n'ont point découragé la curiosité humaine, et n'ont
fait que mettre en lumière les intérêts grandioses qui
se rattachent à cette question scientifique, et qu'irriter l'ardeur aventureuse de nouveaux voyageurs, à

tel point que d'ici à peu d'années on peut espérer la
solution définitive.

En effet, le Nil, ce fleuve gigantesque, est la vraie
route de la civilisation vers toute une immense portion de l'Afrique centrale. C'est par la route du Nil
que les missions catholiques ont été portées presque
jusqu'à l'équateur; c'est par elle que nous avons pu
connaître des peuples nouveaux, dont les mœurs,
les types, l'industrie nous offrent un égal intérêt
avec une nature spléndide, prête à ouvrir ses trésors
à l'activité européenne. Depuis trente ans que les
tentatives se renouvellent pour atteindre la région
des sources, on a vu le réseau des affluents du Nil
s'épanouir en éventail dans toutes les directions à
travers l'Afrique tropicale : les uns descendent de la
haute Éthiopie, d'autres sillonnent les pays au sud
du Darfour; le fleuve lui-même pousse au loin vers
le midi. Ce sont autant de canaux par lesquels le
commerce des échanges commence à circuler : l'i-
voire, la gomme, les produits variés des tropiques
affluent vers le Soudan et l'Égypte; chaque pas dans
la découverte du fleuve a été marqué par un progrès
dans les relations commerciales, qui, bien dirigées
seraient précieuses pour l'avenir de ces peuples
déshérités. Et si, comme le pense Speke, le Nil s'a-
limente à sa source des eaux des grands lacs autour
desquels affluent toutes les richesses tropicales, le

coton, l'indigo, la canne à sucre, le café, le tabac, les immenses troupeaux de bœufs, on prévoit sans peine l'avenir qui se prépare encore pour la navigation du fleuve célèbre.

Le Nil se forme, comme tout le monde le sait, de deux grands courants qui se réunissent par 15° 30' de latitude nord. Le bras oriental, le Nil Bleu ou Bahr-el-Arreck, est le mieux connu; il descend des hauteurs de l'Abyssinie et roule, par une suite de cataractes, vers les plaines du Soudan oriental, où il rencontre le courant sud, le Nil Blanc ou Bahr-el-Abiad, dont l'Europe ne connut guère que le nom jusque vers 1840.

On n'a plus aujourd'hui à déterminer les sources du fleuve Bleu; le fameux Bruce les visita et les décrivit en 1770, et chercha même à s'approprier l'honneur de les avoir reconnues le premier, en traitant de « vils fanatiques » et « d'imposteurs » deux religieux portugais, Paëz et Lobo, qui en avaient laissé des descriptions fort exactes; il alla jusqu'à falsifier leurs textes et altérer le tracé véritable du fleuve pour enlever à ces religieux l'honneur de leur découverte. Mais aujourd'hui, grâce aux savantes recherches du docteur Beke, compatriote de Bruce, la science a prononcé son arrêt en faveur de Paëz, et les accusations de Bruce sont retombées sur lui.

Presque au confluent du fleuve Blanc et du fleuve

Bleu, dans l'angle qu'ils forment en se réunissant, s'élève aujourd'hui la ville de Khartoum, capitale du Soudan égyptien depuis la conquête de ce territoire par Méhémet-Ali, en 1820. Au-dessous du confluent, le Nil s'étale en une nappe immense qui réfléchit le bleu pur du ciel africain et les beaux mimosas de ses rivages, entre lesquels les bœufs des paysans soudaniens ou parfois de légers troupeaux d'antilopes viennent se désaltérer dans le fleuve.

Khartoum n'est pas une ville fortifiée : vue du fleuve, elle découpe sur le ciel bleu une longue rangée de masures blanches et carrées, que surmontent les profils plus hardis du divan, de la chapelle catholique et de la prison. L'admirable situation de Khartoum en a fait l'entrepôt du commerce du Soudan oriental : assise sur les deux Nils, elle reçoit du fleuve Bleu les produits du Sennaar et de l'Abyssinie; les caravanes de Kassalo et de Souakim s'y croisent avec celles du Kordofan, tandis que le fleuve Blanc y porte les produits de l'Afrique équatoriale. Le rivage, sur une étendue de plus de quatre kilomètres, est animé par les chantiers des barques du commerce, et le port lui-même, aux époques favorables, prend de l'activité : les grandes *dahabiés*[1] à voile blanche triangulaire déversent sur la plage les dents

____

[1] Bateaux pour de longues expéditions.

d'éléphant et d'hippopotame, les cornes de rhinocéros, la gomme, le coton, la poudre d'or, le séné,
les bois précieux, les plumes d'autruche, les peaux
de bœuf, le dourrah et enfin les malheureux noirs
arrachés aux rivages du haut Nil. La population la
plus variée de couleurs et de types circule du port
au bazar, à travers les places et les rues irrégulières
de la cité : l'Européen bronzé par le soleil des tropiques y coudoie le Turc replet, arrogant et paresseux; l'Arabe du Hedjaz ou du Kordofan, brun ou
noir, aux traits mâles, à la physionomie accentuée,
et le pèlerin du Bornou, couvert du manteau blanc,
s'y rencontrent avec les nègres purs; le Dinka à la
haute taille, les Ferlyt aux dents limées en pointe,
avec les jeunes et gracieuses esclaves de l'Abyssinie,
dont on remarque le type délicat et le teint olivâtre.
La variété et la bizarrerie du costume complètent
l'aspect singulier de la ville, qui se termine, dans la
direction du fleuve Bleu, par de magnifiques jardins
dont les ombrages sont doublement délicieux sous
ce climat brûlant et qui abondent en fruits exquis,
raisins, figues, bananes, limons, fruits à crème,
tandis que les îlots verts du fleuve se couvrent de
melons et de pastèques.

Malheureusement, placée aux confins de la civilisation et de la barbarie, la ville de Khartoum s'est,
comme toujours, peuplée de gens d'aventures. Eu-

ropéens ou Égyptiens, dont la conduite déplorable n'est pas faite pour concilier aux blancs l'estime et l'affection des sauvages. Les voyageurs qui les ont vus de près font un triste portrait de ces commerçants sans loyauté, de ces aventuriers sans mœurs, sans foi, sans respect pour eux-mêmes ni pour les malheureux qu'ils rançonnent.

C'est à Khartoum que se sont organisées les expéditions sur le Nil Blanc, dont la première fut envoyée par le vieux roi Méhémet-Ali, et partit pour le Sud le 16 novembre 1839. Elle se composait de quatre cents hommes de l'armée égyptienne cantonnée dans le Sennaar sous le commandement de Selim-Bimbachi, et montait cinq grandes dahabiés venues d'Égypte, trois autres tirées du Nil Bleu et quinze canots chargés de munitions. Un seul Européen, M. Thibaut, s'y était adjoint; aussi la science géographique ne tira que peu de profit de cette coûteuse entreprise. Partie en pleine sécheresse et entravée par un matériel énorme, l'expédition dut rebrousser chemin avant d'avoir atteint le 6e degré de latitude; mais elle suffit pour donner une idée générale de la direction du fleuve et des régions qu'il arrose. Sélim nous apprit qu'il avait traversé un pays faiblement accidenté, tantôt ombragé de forêts magnifiques, tantôt s'affaissant en des plaines immenses, marécageuses, couvertes de roseaux et de hautes herbes; que, sur tout le parcours du fleuve, ses rivages étaient animés par les hameaux de diverses peuplades nègres, les unes avides, fourbes et belliqueuses, comme les Schillouks et les Nouers; les autres paisibles et bienveillantes, toujours prêtes à offrir aux étrangers le lait et le beurre de leurs immenses troupeaux.

Cette expédition turque fut d'ailleurs souillée par d'indignes cruautés, capables de dégoûter les nègres de toute relation nouvelle avec les blancs : habitués à mépriser les noirs comme des êtres inférieurs, les Égyptiens saisirent tous les prétextes pour les vexer, les voler et les mitrailler.

« Le 6 janvier, raconte M. Thibaut, fut un jour de deuil pour ces contrées. Des présents en viande nous avaient été apportés dès le matin, et les gens nous suivaient de loin. Quelques-uns dansaient, d'autres avaient des flèches et des lances. Notre drogman assura que ces gens avaient de mauvaises intentions : ce fut le signal d'un massacre. Un sous-officier, accompagné de trente hommes, ordonna le feu contre ces malheureux, dont un tomba. Les autres prirent la fuite. Des villages se montraient à quelque distance, l'éloignement n'était pas assez grand pour ne pas s'y porter. Beaucoup d'indigènes tombèrent encore. Un lac, où ces malheureux se jetaient, fut rempli de cadavres; les nôtres revinrent glorieux...

« Le 5 février, le drogman sortit avec son fusil, vit un homme d'un village voisin qui, accompagné de ses deux fils, de dix à douze ans, voulait éviter l'approche de nos barques. Le soldat l'appela. Celui-ci continuait sa route ; le soldat pressa le pas, le rejoignit, fusilla le père, s'empara des enfants avec un autre soldat et les conduisit à la barque. C'étaient des Nouers d'une figure intéressante ; quelques larmes coulaient de leurs yeux.

« Le 22, on vit au loin un homme et deux femmes qui faisaient route, portant des provisions sur la tête. Les soldats n'attendaient que l'ordre d'aller à la chasse : il fut donné. Quelques-uns rejoignirent les malheureux fugitifs ; l'homme fut tué ; les deux femmes furent conduites à la barque ; elles faisaient pitié... »

Après cette première expédition, une nouvelle fut décidée pour résoudre décidément la question des sources du Nil ; Selim commandait encore ; mais plusieurs Européens, entre autres MM. d'Arnaud, Sabatier, Werne, faisaient partie du personnel, et c'est à eux qu'on doit les renseignements précieux publiés à la suite de ce nouveau voyage, qui eut une si grande influence sur le commerce du fleuve Blanc.

Partie de Khartoum le 23 novembre 1840 avec onze grands bateaux, l'expédition remonta le Nil Blanc sur une étendue de deux cent trente myria-

mètres, laissant derrière elle les sinuosités marécageuses déjà reconnues par Selim, et atteignit le
pays de Bar, des Chirs et des Bari, jusqu'au 5ᵉ degré
de latitude nord. Ici les rives commencent à s'élever, et le paysage change : d'admirables forêts se
pressent au bord du fleuve; çà et là le sol s'acci-
dente et présente un panorama délicieux de bois,
de prairies vertes et de collines basses, où se
groupent de jolis villages, à l'ombre des énormes
baobabs. Les voyageurs y rencontrèrent des nègres
plus belliqueux, qui, pourtant, malgré leur nombre et
leurs armes redoutables accueillirent les étrangers
avec bienveillance et leur offrirent de l'ivoire, de la
viande, du dourrah et du *jaya* (bière enivrante).
D'une taille et d'une vigueur colossales, les Bari ne
couvrent d'aucun vêtement leurs corps athlétiques,
frottés d'ocre rouge et garnis d'anneaux d'ivoire ou
de fer. Seul, leur chef Laccono portait une vieille
chemise de coton bleu, indice remarquable de relations lointaines, à travers les montagnes de l'Est,
avec les marchands arabes de la côte de Zanguebar.
Annoncé par les cris de ses sujets et les sons rauques
du tam-tam et de la corne d'antilope, le prince apparut aux étrangers dans ce costume, agitant en
mesure sa tête ornée d'un pompon de plumes d'autruche, et dansant avec énergie, ainsi que la foule
sauvage et hurlante qui l'entourait. Il descendit

sans crainte dans la barque des officiers turcs, leur prit la main, leur mordit le bout de l'index en signe d'honneur, puis leur exprima sa satisfaction et l'espoir qu'il avait d'obtenir d'eux de riches présents. On offrit à cette majesté sans vergogne des étoffes rouges, des perles de verre de diverses couleurs et une cloche dont les vibrations la charmèrent extraordinairement; puis, après avoir mangé quelques dattes, elle se retira... en emportant le tapis sur lequel on l'avait fait asseoir.

Les voyageurs eussent vivement désiré suivre le fleuve mystérieux à travers les montagnes qui fermaient l'horizon vers le sud; mais, arrivés à une île nommée Tchanker, ils trouvèrent des blocs granitiques qui obstruaient son cours, et qui les obligèrent à retourner vers Khartoum sans avoir encore atteint leur but.

L'expédition courageuse de MM. Antoine et Arnaud d'Abbadie au sud de l'Abyssinie, en 1846, apporta de nouvelles lumières dans cette question si obscure; et depuis lors nous avons acquis par d'autres voies une connaissance plus complète du bassin du Nil Blanc, sans pouvoir cependant fixer la position de ses sources. Les grandes expéditions égyptiennes, en montrant avec quelle facilité l'on pouvait se transporter au cœur de ces peuplades naïves et ignorantes, de ces régions inconnues si riches en produits et en animaux des tropiques, enflammèrent le zèle des apôtres chrétiens, l'avidité des marchands, le courage des chasseurs et des aventuriers, et devinrent le point de départ d'une série ininterrompue d'entreprises religieuses ou commerciales.

Parmi les trafiquants que le commerce de l'ivoire poussa d'abord dans ces parages, le Savoisien Brun-Rollet est un de ceux qui nous ont le plus vite et le mieux fait connaître le pays. Né à Saint-Jean-de-Maurienne, Brun-Rollet, que les hasards de sa destinée avaient conduit au Soudan, fut frappé des résultats que l'on pouvait tirer de ces expéditions. Il équipa quelques barques, renversa à force de ténacité les obstacles que lui opposèrent les gouverneurs turcs, désireux de conserver le monopole du commerce du Nil, et commença cette vie d'aventures qu'il a racontées, avec des couleurs parfois heureuses, dans son livre sur le Nil Blanc; tantôt remontant le fleuve dans sa dahabié bien armée, à travers les attaques des voleurs schillouks ou des maraudeurs bakkara ; tantôt abordant sur les rives ombragées du fleuve, pour offrir aux noirs des colliers, du tabac, des étoffes, et recevoir en échange l'ivoire, la gomme et les *courbachs* (lanières en peau d'hippopotame) au milieu des festins et des danses ; tantôt poussant des pointes hardies à travers les roseaux et les nénufars du lac Nô; pour découvrir l'embouchure d'une rivière inexplorée; protégeant, grâce à ses armes à feu, les familles nègres inoffensives contre les pillards arabes; fondant çà et là, sur la lisière des bois, des établissements prospères, et pénétrant dans la vie intime et les mœurs du sauvage pour recueillir d'utiles renseignements sur le haut fleuve.

Vers la même époque (1849), la mission catholique fondée à Khartoum par le P. Rillo, et placée, depuis sa mort, sous la direction de D. Ign. Knoblecher, résolut de créer une succursale sous le 5e degré, afin d'évangéliser directement les peuplades nègres. Aidé par Rollet et soutenu par l'Autriche, Knoblecher, accompagné de deux autres missionnaires, A. Vineo et Em. Pedemonte, atteignit Gondokoro, dernière station commerciale du Nil Blanc vers le sud, et tenta même de remonter plus haut.

Le 16 janvier 1850, ce hardi voyageur avait atteint le pic de Lotwek, qui s'élève dans une île du fleuve, comme une pyramide boisée, et du sommet de ce pic il vit au loin le Nil, tantôt se brisant en cataractes sur des rochers granitiques, tantôt serpentant comme un ruban bleu à travers les forêts tropicales et les huttes coniques de nègres, disparaître enfin à l'horizon dans les replis d'un amphithéâtre de montagnes.

Les courses évangéliques des religieux à travèrs

les peuplades sauvages des environs, la fondation d'une nouvelle mission à la Sainte-Croix, sous le 7ᵉ degré, chez les Kytch, ne contribuèrent pas moins que les expéditions des chasseurs d'ivoire à accroître nos connaissances sur ces pays reculés; malheureusement la mort n'a pas épargné ces apôtres de l'Afrique.

Nous allons essayer maintenant, en puisant dans les récits des missionnaires et des voyageurs, de saisir les principaux traits de la géographie physique du Nil, la physionomie de ses rives et les mœurs des peuples qui les habitent.

§ 2

Les Schillouks. — Le lac Nô et les Nouers. — Le pays des Kytch. — Végétation et règne animal. — Les hippopotames. — Chasse à l'éléphant. — Mœurs et coutumes des Dinka. — Les serpents.

Au-dessus de Khartoum et sur un parcours de plus de huit cents kilomètres, le Nil Blanc coule du nord au sud. Roulant ses eaux troubles et paisibles sur une largeur de plusieurs kilomètres, il embrasse une multitude d'îles, la plupart submergées pendant l'inondation périodique. Iles et rivages sont couverts d'une splendide végétation, de magnifiques forêts tropicales, où courent de branche en branche mille lianes chargées de fleurs éclatantes, où se jouent des armées de singes, d'oiseaux et de bêtes sauvages. Ces îles, ainsi que la rive gauche du fleuve, sont le repaire favori des Arabes fugitifs du Soudan, et surtout des Schillouks, nègres pillards, astucieux et cruels, qui se livrent, sur des pirogues rapides comme des flèches, à de fréquentes agressions, soit contre les voyageurs, soit contre les tribus voisines, et en particulier contre les Arabes paisibles de la riche gauche, auxquels ils enlèvent souvent des troupeaux tout entiers. Pour cela ils épient les Arabes et tâchent de découvrir l'endroit où ces derniers font boire leurs troupeaux. Une fois qu'ils l'ont trouvé, ils se réunissent en flottilles de trente à quarante pirogues, qu'ils font glisser pendant la nuit le long de la rive opposée afin de n'être pas aperçus. Parvenus à l'endroit désigné, ils cachent leurs embarcations dans des anses ou dans les longues herbes qui bordent les îles, et s'y tiennent immobiles et silencieux jusqu'au moment où les bestiaux, pressés par la soif, se précipitent dans le fleuve. Alors, si l'escorte qui conduit les troupeaux est peu nombreuse, les Schillouks lancent leurs pirogues, qui se trouvent en un instant au milieu des animaux : ils sautent à terre la lance à la main, tuent ou chassent les gardiens, embarquent promptement les bœufs et les moutons, et retournent à leur île avant que les Arabes, dont les camps sont souvent distants du Nil d'une heure de marche, aient pu être prévenus de ce désastre. Quelquefois il arrive pourtant que les Arabes, avertis de l'approche de leurs ennemis, s'embusquent derrière les taillis du rivage, tombent sur les nègres et les enlèvent comme esclaves.

Les habitations des Schillouks forment sur la rive occidentale du fleuve une suite presque ininterrompue, ce qui leur a fait supposer un chiffre très considérable de population. C'est la seule race des bords du fleuve Blanc qui soit soumise à un chef unique, nommé *Meck*, dont la résidence est Denab, où il tient sa cour, dans une centaine de huttes en pain de sucre. Le pouvoir est héréditaire dans la famille royale; mais c'est un proche parent, et non le fils aîné, qui succède, et la première occupation du nouveau roi est d'ensevelir son prédécesseur; car la loi exige que le cadavre du défunt roi reste enfermé dans son *tokoul*[1] jusqu'à l'avènement de son successeur.

Il est clair que ce roi ne peut être qu'un despote : sa justice est sommaire; les femmes et les enfants des coupables lui appartiennent; le commerce d'ivoire est tout entier dans ses mains, et nul ne peut l'approcher qu'en rampant et les mains pleines de présents. Les Schillouks sont laids, petits et d'un

---

[1] Cabane ronde en terre qu'on retrouve dans toute l'Afrique.

aspect barbare : ils sont entièrement nus, à l'exception des femmes, qui portent le *rachat*[1] ou quelques peaux de bêtes; mais les jeunes guerriers mettent toute leur coquetterie dans la coiffure : ils laissent croître leurs cheveux fort longs; puis les tressent adroitement et les enroulent autour de leur tête, de façon à figurer le rebord d'un chapeau; d'autres se plantent, de la nuque au front, une sorte de peigne autour duquel ils entrelacent leurs cheveux, ce qui fait une espèce de casque de dragon; d'autres disposent des plumes blanches en cercle autour de leur tête, en forme d'auréole de saint, et portent un grand nombre de bracelets d'ivoire, qu'ils fabriquent eux-mêmes.

Cette race est fière et indépendante : livrés à l'agriculture et aux soins de leurs troupeaux, les Schillouks refusent de se soumettre à toute domination étrangère; mais ils échangent volontiers leurs bestiaux et leurs volailles contre les anneaux de cuivre que leur apportent les commerçants du fleuve Blanc.

La rive droite du fleuve se prolonge aussi en une plaine immense, que soulèvent çà et là quelques pics isolés, comme le Djebel-Tefasan; elle est habitée par divers rameaux d'une souche fort étendue, que

---

[1] Sorte de ceinture de cuir.

l'on rencontre encore plus haut sur le fleuve, les Dinka. Au-dessus du 10° degré, le fleuve fait un coude vers l'ouest, après avoir reçu les eaux d'un affluent considérable, le Saubat, dont l'origine n'est pas mieux connue que celle du Nil lui-même, bien que la poursuite de l'ivoire, de la poudre d'or et des esclaves ait engagé dans ses sinuosités, depuis six ans, les barques des trafiquants de Khartoum.

A une vingtaine de lieues au-dessus du Saubat, le Nil sort d'un lac aux contours mal définis, le lac Nô, qui dans la saison sèche n'est plus guère qu'un étang bordé de marais, tandis qu'à l'époque des inondations il s'épanche sur d'immenses étendues de pays : c'est dans ce lac que vient se déverser un autre affluent mal connu, tour à tour appelé par les géographes Bahr-Ghazal, Misselad, Keilak, Bahr-el-Ada, promené successivement vers l'ouest, le nord, le sud-ouest, et qui paraît définitivement venir du sud, comme le fleuve Blanc lui-même. Du Saubat au Bahr-Ghazal, le Nil arrose le territoire des Nouers, et son aspect change considérablement. Aux vues riches et pittoresques des environs d'Eleïs a succédé le paysage le plus morne et le plus monotone qui se puisse imaginer : l'eau du fleuve, noire, presque stagnante, couverte de nénufars, dégage des miasmes fétides ; les forêts s'éloignent de plus en plus du courant, et l'on n'aperçoit à perte de

vue que des plaines couvertes de hautes herbes, ou
les bords marécageux du fleuve : semblables à une
forêt de roseaux, à peine çà et là quelques bouquets
d'acacias, de mimosas, de mabak et d'alok, sur les
points les moins inondés. Réceptacle immense du
limon charrié par les rivières qui s'y réunissent, le
lac Nô n'a point de rivages proprement dits : les
parties navigables se fondent avec les plaines en-
vironnantes par une transition de marais formidables, où l'homme ne peut prendre pied, où les
variations des saisons dessinent alternativement des
terres fermes et des bas-fonds, où se développent
d'immenses forêts de roseaux qui dissimulent l'embouchure des rivières. Les moustiques sont là par
myriades, vraie plaie des voyageurs pendant la
saison humide; car dès le coucher du soleil ils envahissent les barques et contraignent les équipages
à se renfermer dans leurs moustiquaires; on voit
alors l'obscurité s'inonder de vers luisants, plus
gros que ceux d'Europe, se poursuivant, montant
dans les airs et disparaissant comme des gerbes
d'étincelles.

Pendant la saison sèche, les intolérables moustiques disparaissent; mais la nuit présente au na-
vigateur un autre spectacle étrange : celui d'un
océan de feu qui, fouetté par le vent du nord,
gagne de proche en proche, en dévorant les hautes

herbes desséchées et les innombrables reptiles
qu'elles renferment. Ce sont les nègres qui em-
brasent ainsi les prairies, afin que l'herbe durcie
par le soleil fasse place au plus tôt à l'herbe fraîche,
que désirent les troupeaux, et aussi afin d'éloigner
les bêtes fauves, qui quittent toujours un lieu où
elles ne sont plus à couvert.

Les Nouers habitent les bords du lac, ceux d'un
canal appelé Bar-ez-Zerafa, et s'étendent jusqu'au
Saubat, d'où ils ont expulsé les Dinka. C'est un
peuple robuste, courageux, redoutable aux autres
peuplades noires et ne redoutant personne : les
Turcs et les négriers, qui se sont mesurés avec eux,
en ont perdu l'envie, et se gardent bien aujourd'hui
d'aller tenter chez eux leurs lâches coups de main.
Ils vivent sous le gouvernement patriarcal, cultivant
le sol et riches en provisions de dourrah.

Ce qui frappe d'abord chez les Nouers, c'est leur
aspect bienveillant et la coupe presque européenne
de leur visage; mais surtout c'est l'étrangeté de leur
accoutrement. Une coiffure conique, couverte de
coquillages et de perles de verre, un collier de verroteries autour du cou, quelque peau de panthère
jetée sur les épaules, une ceinture ornée de pen-
deloques, et des bracelets d'ivoire tranchant sur
l'ébène de leur peau : voilà leur toilette habi-
tuelle. Mais l'ornement favori, la coiffure caracté-

ristique des Nouers, ce sont les longs cheveux rouges et raides, serrés par un cordon de perles de verre; et, pour arriver à donner à leur chevelure noire et frisée la teinte rouge et la raideur voulues, ces braves Nouers se servent d'une pommade qui chez nous n'aurait pas de succès. Avec des cendres, de la bouse de vache et de l'urine ils fabriquent une pâte, qu'ils s'appliquent soigneusement sur la tête et dans laquelle leurs cheveux restent agglutinés pendant toute une année, après quoi la transformation est opérée. Les femmes ont au moins une apparence de costume : une peau autour des reins, une autre quelquefois autour du cou, des perles de verre, et des anneaux d'ivoire ou de cuivre aux bras et aux jambes témoignent à la fois de leur pudeur et de leur coquetterie. Quant aux jeunes filles, elles portent un tablier de feuillage et se percent la lèvre supérieure pour y planter en saillie une sorte de défense de cinq centimètres de long, garnie de perles bleues, et terminée à la pointe par une grosse perle blanche; cette coutume de se percer les lèvres devient de plus en plus générale à mesure qu'on avance vers l'ouest.

A partir de son embouchure dans le lac Nô jusqu'à deux à trois degrés en amont, le Nil traverse encore un pays marécageux et bas, à travers lequel il se fraye un chemin par mille sinuosités; mais déjà son lit plus resserré laisse moins de place à l'inondation qui suit les pluies étésiennes. Les sauvages lui donnent le nom de *Kir*. La partie basse et détrempée de ses rives est toujours couverte de roseaux, de hautes herbes, où les buffles eux-mêmes disparaissent complètement, et de petites forêts d'ambatch à fleurs jaunes; le papyrus y étale ses fleurs en éventail; çà et là les eaux se rassemblent dans des anses ou de petits lacs dont les rives sont embellies par les larges feuilles vertes et les roses blanches du lotus. Puis, à une petite distance du courant, les terres s'exhaussent et s'affermissent: les mimosas et les roseaux disparaissent, pour faire place à de hautes forêts vierges, où abondent les arbres gigantesques, entourés de plantes grimpantes et tellement serrés et entremêlés, qu'il faut beaucoup d'attention pour y suivre, dans une ombre épaisse, les sentiers percés par les bêtes fauves. Le palmier *douleb* au tronc renflé, le monstrueux baobab, l'euphorbe géante aux rameaux dentelés, vingt variétés d'ébéniers s'y mélangent avec l'arbre à beurre, qui donne une graisse si délicieuse, avec le tamarinde aux fruits bienfaisants, l'arbre à caoutchouc, etc., et les intervalles sont remplis d'arbustes utiles, comme le cotonnier, la vigne, qui produit sans culture des fruits délicieux, et une infinité d'autres.

On imagine sans peine quel prodigieux développement le règne animal atteint dans un pays si riche et si peu peuplé : le fleuve, les marais, les bois, tout regorge des espèces les plus variées. Le Nil nourrit une immense quantité de poissons, parmi lesquels on remarque la torpille électrique, un poisson cuirassé très curieux et un autre dont la tête plate se garnit de tentacules analogues à ceux des actinies; les tortues abondent, et des villages entiers ne vivent que de la pêche.

Le fleuve est aussi le réceptacle de nombreux hippopotames, dont la masse énorme soulève çà et là les eaux, et de crocodiles dont les nègres redoutent à tel point la gueule acérée, qu'ils leur sacrifient toujours une vieille chèvre avant de traverser le courant. Les roseaux du rivage sont habités par de nombreux serpents, d'énormes lézards, qui vivent sur terre comme dans l'eau, faisant la chasse aux tourterelles et aux pintades, et par une infinité de petits animaux rampants. Sur les arbres voisins, l'aigle pêcheur guette sa proie et s'interrompt souvent pour jeter un cri sauvage en agitant sa tête; le héron promène ses longues pattes dans les joncs, cherchant les reptiles; la cigogne, le marabout, l'abou-mia à la huppe jaune et au long bec de corail grouillent aussi dans les marais, de compagnie avec la grue couronnée, qui présente cette singularité, que le mâle et la femelle chantent en

accord, celle-ci ayant la voix d'une tierce plus élevée que le mâle; et avec le pélican, pêcheur systématique qui enveloppe le poisson par de savantes
manœuvres, et conserve ses prisonniers dans le
magasin que la nature lui a taillé sous le bec.

La forêt et la plaine n'offrent pas une proie moins
abondante à la carabine du chasseur européen : ici
l'autruche, recherchée pour ses plumes et pour sa
graisse; les outardes, dont une espèce est fort
grosse; le beau coq *halfa*, dont la chair est exquise;
les pintades, tellement abondantes, qu'il arrive au
chasseur d'en abattre sept d'un seul coup; de longues volées d'oies sauvages, dont on connaît trois
espèces, et de canards, dont l'espèce *matam* est toute
ronde de graisse, et l'espèce *alelui* est tellement
abondante, que le bord du fleuve en est parfois
comme rouge. Plus loin s'ébattent de nombreux
troupeaux de gazelles et d'antilopes; les abok, qui
vont par troupes de plusieurs milliers; les tyang,
dont les bandes paissent sous la surveillance d'un
vieux mâle chargé de signaler l'approche d'un
ennemi; les apuor, etc.

Sous la voûte épaisse des forêts, on rencontre
d'abord le roi des animaux, le redoutable *kor* ou
lion, qui ne craint pas d'attaquer l'homme à son
foyer et derrière son rempart de hautes épines;
son rugissement sonore a bien des fois troublé le

sommeil des voyageurs et des missionnaires, qui
avaient quelquefois jusqu'à six de ces aimables voisins. Une autre espèce, plus petite et de couleur plus
·claire, le *couer*, se contente de chasser l'antilope et
la vache.

Le tigre, l'hyène, le léopard, le chat sauvage
font aussi la guerre aux troupeaux des nègres; mais
ils fuient devant l'homme. L'éléphant abonde : il vit
par troupes d'une centaine et remplit les forêts de
mimosas de son cri sonore comme le son de la trom-
pette. On concevrait à peine quels dégâts font ces
géants dans les bois où ils prennent leurs ébats, dé-
racinant les arbres et écrasant les jeunes pousses;
mais, depuis quelques années, la chasse acharnée
que leur font les trafiquants d'ivoire de Khartoum
en a singulièrement diminué le nombre, ceux-ci les
tuant avec des fusils de gros calibre à balles coniques; moins bien armés, les nègres, qui ne se
servaient guère autrefois des défenses d'éléphant
que pour leurs palissades, se sont avisés de creuser,
dans les sentiers favoris de ces intelligents animaux,
des fosses profondes qu'ils recoùvrent de branchages; l'animal, qui pose le pied sur ce feuillage
trompeur, roule dans la fosse, où il est bientôt lardé
de coups de lance, et succombe.

La chasse à l'éléphant se fait d'une manière plus
hardie chez les Arabes qui habitent le voisinage des

Schillouks. Deux cavaliers armés de lances suffisent pour abattre le monstrueux animal; mais d'ordinaire ils se mettent quatre ou six, et, si l'éléphant est en un lieu découvert, sa perte est certaine. Ces cavaliers se mettent à sa poursuite, galopent autour de lui à grande distance, en resserrant toujours leurs évolutions; puis, lorsqu'ils sont très près, un cavalier met pied à terre en évitant d'être aperçu par l'éléphant, qui surveille en ce moment les autres chasseurs; il se glisse jusqu'à l'animal et lui porte un coup terrible dans le ventre, où la lance lourde et acérée pénètre profondément. L'éléphant bondit, se retourne; mais les cavaliers placés en face de lui l'assaillent et le harcèlent, et, tandis que l'animal charge ces cavaliers, le premier remonte à cheval et fuit comme le vent; car leurs agiles petits chevaux sont si bien dressés, qu'ils n'abandonnent pas leurs maîtres alors même que tout fuit autour d'eux. En un clin d'œil le chasseur a rejoint ses compagnons, et l'attaque recommence jusqu'à ce que l'éléphant succombe, épuisé par la perte de son sang. Quatre de ces hardis coquins ont abattu jusqu'à six éléphants en un seul jour; mais cette chasse exige une saison sèche et les savanes; elle réussit mal dans les marais et les pays coupés de forêts.

Les nègres chassent aussi la girafe, dont les troupes inoffensives sillonnent les hautes herbes du pays des Nouers, et même le rhinocéros et le buffle, tous deux difficiles à abattre, tous deux méchants et intrépides lorsqu'ils sont attaqués.

L'extrême abondance des hippopotames est un des traits caractéristiques du fleuve, depuis le lac Nô jusqu'au pays des Bari : on en rencontre des troupeaux de cinquante à soixante. Ils ne sont pas positivement méchants, dit le P. Kauffmann, mais ils sont très circonspects; car à tout instant ils soulèvent la tête hors de l'eau, regardent avec attention autour d'eux et replongent ensuite vivement. Le jour on les voit folâtrer joyeusement sur l'eau, ou s'abandonner sur un banc de sable au *dolce far niente*, indifférents à toute chose, jusqu'à ce qu'un canot apparaisse dans les sinuosités du fleuve; aussitôt ils se glissent sous les flots, et les grondements de leur formidable basse-taille manifestent leur mauvaise humeur d'avoir été dérangés; puis tout se tait de nouveau. Mais, le soir venu, les échos du fleuve répètent leurs mugissements lointains; ils semblent s'appeler mutuellement, après quoi ils sortent de l'eau et se mettent en quête d'un festin, et malheur au champ de dourrah qu'ils ont choisi : ce qui échappe à leur dent affamée est broyé sous leurs larges pieds.

Les nègres et les commerçants du Bar-el-Abyad chassent l'hippopotame tant pour ses défenses que pour sa peau, dont ils taillent des lanières, et même pour sa chair, qui pourtant n'est pas agréable. Ces chasses sont dangereuses; car la balle rebondit facilement sur la peau de l'hippopotame, dont la fureur alors a quelque chose d'effrayant. Nous empruntons encore au P. Kauffmann la description des incidents d'une chasse dont il a été témoin.

« Nous étions à Gondokoro, le 18 février 1858, lorsque les trafiquants d'ivoire revinrent, et parmi eux un certain Ali-Toba, dont les gens n'avaient mangé que du grain depuis longtemps, et qui résolut, pour leur donner de la viande, de se mettre en quête d'un hippopotame. Vers les dix heures du matin, il revint en courant nous annoncer qu'il en avait tiré un dont la cervelle avait été traversée par une balle, et qu'un second, blessé, était surveillé par ses domestiques pendant que lui-même venait chercher des munitions. Nous le suivîmes; une foule de nègres étaient déjà là, attirés par les détonations et la perspective d'une distribution de viande. Ali parut, sauta dans la pirogue d'un Bari, dirigée habilement par son propriétaire, fila sans bruit vers l'hippopotame et tira de nouveau. L'animal s'élance aussitôt vers la rive, comme pour prendre la fuite à travers champs; mais il y trouve les noirs qui lui décochent leurs flèches à la tête, tandis que l'un d'eux lui plantait dans l'œil son harpon de pêcheur. Il retourne

vers la rivière, en s'efforçant d'arracher cet engin
douloureux et de se dérober sous les eaux; mais il
ne peut y rester longtemps, il faut qu'il en sorte
de temps en temps pour reprendre haleine; et
l'intrépide Soudanien est toujours sur ses traces;
dès que sa tête apparaît, elle reçoit une balle, au
milieu des hurlements des sauvages. D'un bond
furieux l'animal essaye de broyer la pirogue ou de
la renverser; mais l'agile Bari l'évite avec adresse,
ce qui devenait d'autant plus facile, que l'animal
était très épuisé; il saignait beaucoup de la tête et
courait çà et là, toujours pressé par son ennemi. Un
moment il s'approcha de nous, et là une balle le
frappa derrière l'oreille, si bien que nous crûmes
que c'était le coup de grâce : il bondit sur le coup
avec une force telle, que son corps tout entier parut
suspendu dans les airs, retomba, se mit à fouiller
l'eau et à tournoyer sur lui-même d'une manière
affreuse pendant quelques instants, puis peu à peu
redevint plus calme : il s'affaiblissait de plus en
plus; car il ne remuait plus guère. Cependant Ali
s'approcha de nouveau, lui lança encore quelques
balles qui le firent sauter hors de l'eau, mais sa
fureur ne dura pas longtemps; on vit bientôt ses
pieds apparaître à la surface du fleuve, et un
effroyable cri de joie des nègres nous annonça que
tout était fini. »

Les sauvages chassent l'hippopotame à terre avec des harpons qu'ils fabriquent eux-mêmes, et dont ils attachent la corde solidement à un arbre au moment où l'animal blessé se précipite en hurlant dans la rivière. Ils l'attaquent aussi de cette manière sur le fleuve même; mais là il arrive souvent que le monstre, d'un coup de reins, renverse les pirogues, et que les chasseurs sont obligés de fuir à la nage pour échapper à sa fureur.

Toute cette partie du Nil, jusqu'au 6e degré, est habitée par les Tuitch, sur la rive droite, et les Kytch, sur la rive gauche. Ces peuplades se rencontrent à l'époque des sécheresses, où elles descendent dans les bas-fonds pour paître leurs troupeaux, et se livrent alors de fréquents combats, du reste peu sanglants. Les uns et les autres appartiennent, ainsi que les Bor et les Éliab, plus au sud, à cette grande race des Dinka, qui se prolonge jusqu'au Djebel-Nyemati, sous le 12e degré.

Suivant les missionnaires qui les ont vus longtemps et de près, les Dinka sont la plus belle race d'hommes des bords du fleuve Blanc; bien bâtis, lestes, et d'une stature très élevée, ils ont de plus une physionomie moins féroce que les autres nègres; leur caractère est naturellement doux, mais les attaques impitoyables dont ils sont l'objet de la part des négriers les ont rendus méfiants et hostiles. Leur tatouage distinctif est une incision profonde entre les yeux, et d'où partent, comme d'un centre, des cercles pointillés sur le front; leur langue est presque monosyllabique et se distingue par l'absence de sifflantes, ce qui tient évidemment à leur habitude de s'arracher quatre dents incisives.

Ils ont les cheveux rasés, sauf une touffe ornée de perles qu'ils laissent au sommet de la tête, et, à l'exception de quelques anneaux d'ivoire, de cuivre ou de fer, qu'ils portent aux bras et aux jambes, ils dédaignent toute espèce de vêtements; les femmes portent deux peaux de bêtes nouées autour des reins, l'une devant, l'autre derrière. A celle-ci, qui est la plus longue, elles suspendent comme ornements de petites clochettes, des anneaux de fer ou de cuivre, en sorte que la marche d'une personne du sexe féminin s'annonce d'assez loin; quelquefois aussi elles se voilent les épaules et la poitrine contre les ardeurs du soleil.

Hommes et femmes, tout le monde se passe dans les oreilles un lourd anneau de cuivre et une série d'anneaux plus petits; mais, afin que leur poids n'allonge pas l'oreille démesurément, comme cela arriverait à la longue, ils les rattachent au-dessus du front par une petite lanière.

Les Dinka sont, avant tout, un peuple pasteur : fainéants à proportion de leur richesse, ils daignent tout au plus s'occuper des ouvrages les plus pénibles dans la construction de leurs cabanes, et laissent aux femmes tous les autres labeurs. Celles-ci cultivent les champs, déchirent péniblement la terre avec un mauvais fer en forme de croissant, arrachent les racines, sèment, font la moisson pendant que leurs époux vagabondent avec les troupeaux, visitent les voisins et ne rentrent au logis que pour manger. On conçoit que la famine doit être l'hôte de ces malheureux. A peine la moisson finie, le blé est consommé; mais, comme c'est alors la saison où la forêt donne des fruits en abondance, personne ne songe à ensemencer une seconde fois; tous se jettent sur ces fruits. Puis la saison sèche arrive : il faut quitter les bois pour descendre avec les troupeaux au bord du fleuve, dans les prairies, et là se nourrir de lait et de poisson : ou bien, comme le lait est rare et finit par amener la dysenterie, on vend jusqu'aux armes, pour acheter aux tribus voisines, plus prévoyantes, leurs provisions de blé. Pendant ce temps les pauvres femmes, restées dans les habitations forestières, rassemblent le fruit qui doit servir à traverser la dernière crise de la famine, l'alok, de la grosseur et de l'aspect d'une datte : cette misérable nourriture est leur ressource suprême.

Et pourtant il serait facile d'échapper à cette

pauvreté : d'immenses terrains restent incultes, qui pourraient recevoir le dourrah, le sésame et le tabac; en outre, la terre fertile et bien arrosée, pourrait donner deux moissons pour le moins. Les missionnaires de Sainte-Croix ont obtenu jusqu'à trois récoltes par an d'une sorte de blé turc venu de Khartoum, qui mûrit en deux mois; le maïs de Vicence et le dourrah n'en demandent que trois. Mais la misère passée ne laisse point ses leçons dans ces intelligences d'enfants : tel est le nègre.

Toute l'activité, toute la pensée, toute la tendresse du Dinka se concentre sur ses vaches; c'est là sa seule richesse, et tout le reste n'est qu'accessoire. La race bovine y est pourtant petite, malingre, bien différente de ces beaux bœufs qui peuplent le plateau de Nyanza, au sud de l'équateur : les vaches donnent peu de lait, et quant à leur utilité comme aliment, elle est nulle, car le respect qu'on leur porte est tel, que jamais on ne les tue pour les manger; elles ne meurent que de vieillesse ou de maladie. Le missionnaire Morgan reçut un jour l'épithète de « hyène » pour avoir eu l'audace d'occire une génisse. La mort d'une vache est pleurée comme celle d'un parent ; le propriétaire porte au cou la corde qui servait à conduire la bête de son vivant, et va contant son désastre à tout le monde.

Les bœufs eux-mêmes ne sont sacrifiés que pour les festins de noces ou d'enterrement, et les voyageurs ne peuvent s'en procurer que moyennant un prix élevé en cuivre ou en perles de verre; enfin la vénération de ces nègres pour leurs bestiaux est portée si loin, que presque tous les hommes reçoivent le nom d'un bœuf, et les femmes celui d'une vache; c'est le sujet de toutes les conversations, de toutes les chansons, de toutes les batailles. Il n'est pas de lieu plus agréable pour le Dinka que le parc aux vaches, vaste espace enclos d'une haie d'épines. C'est là qu'il repaît ses yeux du spectacle de ses chers bestiaux, qu'il rassemble de ses mains leurs excréments, les dessèche au soleil, et s'en sert soit en les brûlant et en empestant son domaine pour écarter les moustiques, soit en les mélangeant avec des cendres pour s'en faire un lit moelleux. Car cet amour de la vache entraîne les plus singuliers usages : une couche de bouse de vache mêlée de cendres, et appliquée sur la tête et par tout le corps, tel est le préservatif qu'ils emploient contre les rayons solaires; les marmites, les écuelles sont lavées avec de l'urine de vache, en sorte que le lait est perpétuellement imprégné de cet agréable parfum. Les missionnaires eurent toutes les peines du monde à se procurer du lait dans des écuelles à peu près inodores. Le même liquide sert aux ablu-

tions des Dinka; ils le préfèrent de beaucoup à une
eau limpide, « et ils sont tellement avides de cet
horrible cosmétique, dit Brun-Rollet, que le sauvage
qui a l'avantage de se trouver près d'une vache au
bon moment ne manque jamais de se précipiter sous
l'animal pour recevoir cette affreuse douche sur la
tête et sur le reste du corps. On le voit ensuite se
frotter joyeusement le visage humide, et ses traits
expriment la plus grande béatitude. » On imagine
sans peine que l'atmosphère qui règne autour de ces
bons sauvages ne rappelle en rien l'essence de rose
ni la violette de Parme.

Les habitations du Dinka sont de deux sortes : ils
élèvent à la hâte, au bord du Nil, des cabanes de
roseaux et de fiente de vache pour se garantir contre
l'air glacial de la nuit pendant la sécheresse; mais
ces abris ne sont que provisoires. Leurs véritables
demeures sont dans les forêts, et consistent dans des
huttes rondes d'environ quatre mètres de diamètre,
formées de pieux fichés dans le sol et reliés par des
branches de saule; les intervalles sont remplis de
roseaux; le tout est recouvert d'un toit conique en
paille sèche, tandis qu'à l'intérieur les parois sont
plâtrées de limon et de fiente de vache, et le sol
piétiné jusqu'à ce qu'il soit complètement dur. La
porte consiste en une ouverture ovale, par laquelle
le propriétaire se glisse comme une bête fauve en

rampant, et qu'on obstrue la nuit au moyen d'une claie de paille assujettie au dedans. Sur les murs se dessinent en ronde bosse les rares échantillons de l'art sauvage : la tête du bœuf, symbole de l'affection du nègre, et la représentation barbare d'un serpent, objet de son horreur. Près de la porte est le foyer, où la matrone cuit les aliments, et entretient pendant les nuits froides un feu éblouissant; plus loin, c'est une peau de bœuf ou une natte de paille qui sert de couche au maître de céans; puis quelques courges ciselées et quelques vases de terre, les pipes, dont on fait grand usage, et enfin des corbeilles tressées appendues au toit pour conserver la provision de blé ; c'est là tout le mobilier. Comme la pierre meulière manque, on brise le grain dans une sorte de mortier en bois dur qui se trouve en avant de la porte d'entrée.

La salle de réception et de conversation touche à la cabane : c'est un échafaudage de pieux qui a jusqu'à trois étages, dont chacun est abondamment recouvert de cendres; c'est là que grimpent les visiteurs, pendant qu'on entretient au rez-de-chaussée un feu de fiente de vache, dont la fumée abondante et infecte écarte au loin les moustiques. La nuit venue, les conversations ne cessent pas; mais on allume encore un grand feu sur le sommet de l'édifice afin d'éloigner les bêtes féroces, tandis que chacun s'enterre dans des tas de cendres pour échapper à la fraîcheur de la nuit ; et l'on se figure difficilement l'aspect étrange de ces sortes de tréteaux, bizarrement éclairés par les oscillations du foyer, animés par le caquetage des noirs riverains du Nil, dont apparaissent seulement la tête frisée, les yeux brillants et le visage couvert de cendres.

On sait combien les nègres en général sont passionnés pour la danse : celle des Dinka, qui s'exécute le plus souvent la nuit, à la douce clarté de la lune, ne consiste guère qu'en des rondes exécutées au son du tambour, en piétinant, sautillant et poussant des cris aigus : cela ressemble à s'y méprendre à la danse de l'*ardea regia* (grue couronnée). Des chansons simples et monotones accompagnent d'ordinaire ces danses ; les vaches et le beau sexe en sont toujours l'objet.

C'est dans ces réunions que le jeune Dinka fait choix de celle qui doit partager son foyer, et, lorsqu'il l'a rencontrée, toute la question qui reste à débattre est, absolument comme chez nous, celle de la dot ; seulement c'est ici l'époux qui achète sa femme, il n'y a pas d'autre mot, et qui la paye même fort cher, surtout s'il appartient à une race aristocratique. Le fils d'un chef, chez les Kytch, n'obtient pas la main de la fille d'un autre chef à moins de dix vaches et de dix bœufs donnés au beau-père, de dix vaches pour la belle-mère, et d'un certain nombre de colliers de verre ou de cuivre offerts aux proches parents. S'il est moins riche, il prend ses alliances plus bas et paye moins cher. Un pauvre diable se marie comme il peut.

Contrairement à une foule d'histoires qui circulent sur la maturité précoce des négresses, les missionnaires assurent qu'elles ne se marient guère avant quinze à seize ans, et le jeune homme avant vingt ans. Le jour des noces arrivé, les amis du fiancé se présentent avec des écuelles pleines de lait au père de la jeune fille; si c'est un chef, on égorge un bœuf, et l'on fait un festin de noces. L'époux cède une partie du prix convenu pour le mariage, et la jeune fille lui appartient; il l'emmène chez lui sans plus de cérémonie. Seulement il est d'usage de ne compléter le payement de la dot qu'après la naissance d'un enfant; car si la jeune femme reste stérile, l'époux retient le reste du prix convenu, renvoie la femme et se remarie ailleurs.

La condition de l'épouse subit d'ailleurs des variations sensibles : dans les premiers temps, elle n'a rien à faire qu'à se réjouir; tout autour d'elle s'empresse à la servir : c'est la *lune de miel*. Mais aussitôt qu'il lui naît un enfant, sa royauté cesse brusquement, et elle tombe au rang d'une esclave. C'est elle alors qui va, au péril de sa vie, chercher l'eau et le bois, sous la dent des lions, au fond des forêts ; c'est elle qui s'occupe de la cuisine, du labourage, de la moisson, tout cela en portant son nourrisson, qu'elle allaite quelquefois pendant deux ans, lorsqu'il ne survient pas un second enfant. Dans ce but, la pauvre femme fabrique avec quelque peau de bête une sorte de hamac dans lequel elle place l'enfant, s'attache ce hamac autour des épaules, et va ainsi à son travail ; lorsqu'elle moissonne ou qu'elle laboure, elle suspend le marmot à une branche voisine, et, son ouvrage terminé, elle regagne le logis, chargée de l'enfant et de sa provision de bois. On conçoit sans peine qu'une vie de privations et de fatigues comme celle-là a bientôt flétri sa beauté ; alors l'époux en achète une plus jeune, car la polygamie est là avec toutes ses odieuses conséquences ; mais, vu le prix élevé de la *marchandise*, les riches seuls peuvent se passer le luxe de plusieurs femmes ; aussi la fortune d'un chef se mesure-t-elle souvent au nombre des bêtes de somme qu'il a entassées dans ses huttes sous le nom d'épouses.

Pour ce qui est des idées religieuses des Dinka, il va de soi qu'elles ne peuvent être que fort grossières ; ils connaissent pourtant Dieu et l'appellent *Den-did ;* ils savent que c'est lui qui a fait le soleil, la lune et les hommes ; mais ils ne croient pas à l'immortalité de l'âme, et pensent que l'homme tout entier s'anéantit par la mort. Cependant, dans cette ignorance profonde des vérités religieuses, surnage un reste des traditions primitives. Au dire des Kytch et des Bari, Dieu avait fait les hommes bons, et les avait mis près de lui dans le ciel; mais plusieurs s'étant mal conduits, il les descendit sur la terre au moyen d'une corde. Cependant les bons pouvaient remonter au ciel au moyen de cette corde; mais, à la longue, ce lien finit lui-même par se rompre, et c'est depuis ce moment que le ciel est fermé pour les hommes.

Un autre reflet de l'idée du bonheur primitif de l'homme et de sa chute se retrouve dans l'horreur que le serpent leur inspire; ils le regardent comme le symbole du principe du mal, et c'est à lui qu'ils adressent leurs sacrifices, puisque Dieu, disent-ils, est bon, et qu'il n'est pas nécessaire de l'apaiser. Chose remarquable: le serpent python n'est pas rare chez eux; ils le connaissent sous ce nom et lui sacrifient un bœuf; il n'est pas impossible que ce nom ait passé de chez eux chez les Égyptiens, et de là chez les Grecs.

Les serpents sont les animaux que les nègres redoutent le plus, et il faut dire qu'ils sont extrêmement abondants et affreusement venimeux; la seule vipère verte, qu'on trouve souvent suspendue aux roseaux du rivage, n'est pas dangereuse. Le python atteint jusqu'à six mètres et demi de longueur. Toutes ces espèces foisonnent dans les bois, dans les jardins, dans les habitations, où elles se glissent pour guetter les œufs, dont elles sont très friandes : on ne peut mettre le pied dehors sans être sur ses gardes. Le P. Kauffmann rapporte qu'un jour, prenant son repas dans un cabinet du jardin, il fut épouvanté de voir tomber un serpent près de son assiette, et à peine l'eut-il haché à coups de pioche, qu'il en trouva un second dans la paille du toit. Et c'était toujours pour les nègres un sujet de grande joie lorsque les missionnaires en avaient exterminé quelques-uns; car la morsure du serpent produit sur eux des effets effrayants. C'est aussi l'effroi des voyageurs.

« En 1851, dit Brun-Rollet, nous dînions un soir sur les rives du Nil, et près de nos bateaux, avec quelques chefs de l'expédition turque : notre table improvisée était éclairée par les fanaux que nos domestiques avaient apportés, et nous nous livrions gaiement au plaisir du repas pris en plein air sous un ciel étoilé. La brise légère que nous envoyait le Nil nous faisait oublier les fatigues et la chaleur de la journée; nous jouissions de ce *far niente* particulier qu'on ne doit trouver qu'en Égypte, lorsqu'un des convives, placé en face de moi, s'écria : « Un « serpent! un serpent! »

« A ce cri, chacun regarde avec anxiété autour de soi, cherchant à apercevoir le redoutable reptile, et moi-même, en faisant cette recherche, j'aperçus les yeux de la personne qui avait jeté l'alarme fixés sur moi avec inquiétude. Je me doutai, au trouble de son regard, que je courais un grand danger, et presque en même temps je découvris le serpent. Il était entre mes jambes ; sa queue s'étendait sur la terre, et sa tête s'avançait jusque sur mon avant-bras gauche. Ses yeux noirs, ronds, petits et brillants, témoignaient de sa vigueur ; c'était un serpent de l'espèce la plus dangereuse, et dont la morsure devait être mortelle.

« Je compris que le sang-froid le plus grand pouvait seul me sauver, et mes yeux indiquèrent à mes compagnons qu'ils devaient rester immobiles, afin de ne pas irriter notre nouvel hôte. J'espérais que ce reptile, qui avait dû me prendre pour un tronc d'arbre ou pour quelque autre objet inanimé, allait continuer son chemin, soit en montant plus haut pour redescendre ensuite, soit en faisant le tour de ma taille. Je l'observais attentivement, cherchant à deviner ses mouvements, lorsque je le vis replier sa tête et la diriger vers l'ouverture de ma manche. Celle-ci était largement ouverte, selon la forme des costumes de l'Orient, et, si le serpent s'y logeait, s'il glissait entre mon linge et ma peau, plus de doute, j'étais perdu.

« Mon parti fut bientôt pris : je me levai brusquement d'un seul bond, et reculai de quelques pas en
secouant l'horrible animal. Mes compagnons, qui
avaient compris mon immobilité, se jetèrent aussi
en arrière ; tables et fanaux furent renversés ; mais
néanmoins nous nous armâmes de bâtons, et nous
parvînmes à tuer ce hideux ennemi. Quelques instants
après un nouveau serpent s'approcha encore, attiré
par la lumière ; il fallut fuir et regagner les barques. »

En regard de l'affaissement religieux où sont tombées ces races malheureuses, on doit signaler l'importance qu'a prise la croyance aux sorciers, croyance
répandue dans toute l'Afrique centrale : nous aurons
l'occasion d'en dire quelques mots à propos des Bari.

CHAPITRE VII

EXPÉDITIONS A LA RECHERCHE DES SOURCES
DU NIL BLANC (suite)

§ 1

Les Bari. — Leurs mœurs, leurs danses. — Faiseurs de pluie. —
Mission catholique de Gondokoro. — Angelo Vinco. — Mort de
Vaudey.

Lorsqu'on remonte le fleuve Blanc jusqu'au delà
du 6e degré de latitude nord, le paysage change
rapidement d'aspect, et la nature animée elle-même

se modifie complètement. Ici, plus de marécages, plus de roseaux à perte de vue; des collines isolées commencent à accidenter la plaine, que sillonne le fleuve, tantôt large et puissant, tantôt.embrassant de mille replis les îles nombreuses habitées par les Tchirs. Une végétation splendide envahit ces îles ravissantes, et dans ses mystérieuses profondeurs se détachent les pittoresques *tokouls* des sauvages, ou les gerbes dorées de quelques plantations de dourrah. Les hautes forêts tropicales se penchent sur le fleuve, entremêlées çà et là de prairies où disparaissent les troupeaux; plus loin surgissent les mamelons granitiques de Nyerkani, de Belenyan, de Kounoufi, de Kerek, de Lokoya : un manteau d'éternelle verdure enveloppe ces collines de la base au sommet, et la main d'un peintre ou l'imagination d'un poète semble avoir arrondi les montagnes veloutées qui couronnent l'horizon vers le sud. Les villages des Bari se succèdent rapidement, tantôt dispersés sur la lisière des forêts, tantôt étageant leurs toitures coniques sur le flanc des collines. Abritées sous le feuillage énorme des *kouroulengi*, séparées les unes des autres par des haies d'euphorbes arborescentes aux fleurs jaunes éclatantes; entourées de vastes corbeilles juchées sur des pieux, où l'on conserve le blé, ces huttes sourient au voyageur comme un séjour de paix et de bonheur; mais la réalité dément malheureusement cet aspect poétique.

En effet, quoiqu'ils se rattachent par leur type physique, leur intelligence et leur langue sonore à une race plus élevée que les nègres, situés plus au nord, les Bari se distinguent surtout par la violence de leurs mœurs : avides et querelleurs, ils vivent au milieu de conflits perpétuels de peuplade à peuplade, et les commerçants du fleuve Blanc ne les abordent plus que les armes à la main. En outre, ce pays pittoresque, que la main de Dieu a décoré de toutes les grâces de la nature des tropiques, et où se presse une population nombreuse et robuste, ce pays est périodiquement désolé par le fléau de la disette au point qu'un missionnaire l'appelle le *pays de la faim*. Grâce à l'insuffisance des cultures, aux ravages des voleurs et des hippopotames, et surtout au gaspillage insensé qui suit l'époque de la moisson, la récolte de dourrah et de sésame est dévorée en trois mois, et la plus horrible famine règne alors dans le village. Elle atteint son apogée aux mois d'avril et de mai : ces malheureux errent alors, maigres comme des squelettes, autour des barques de commerce, poursuivant les marchands du cri de *magor* (la faim), et exprimant par des gestes énergiques le vide de leurs estomacs. Un grand nombre meurent de misère ; les mères, désespérées, jettent dans le fleuve leurs enfants qu'elles ne peuvent plus nourrir. Les vols et les meurtres se multiplient; ceux qui possèdent quelques vaches pratiquent des saignées sur ces animaux et se nourrissent de sang chaud; les autres se jettent, comme des hyènes, sur les cadavres des bestiaux morts de maladie, et déjà décomposés par la chaleur et par l'humidité.

Enfin, à travers ces angoisses et ces souffrances, la saison de la récolte arrive, et avec elle les fêtes, les libations immodérées de *jawa*, les repas extravagants, et les danses ou *leri*, qui se renouvellent tous les soirs avec accompagnement d'un vacarme effroyable. Rien de plus caractéristique que ces danses, où éclate sans retenue l'humeur frivole, vaniteuse et bruyante de ces pauvres enfants de l'Afrique.

Aussitôt après midi, raconte un missionnaire, les tambours résonnent pour annoncer la fête de nuit : puis, dans la soirée, le grand tambour du village frappe sans interruption un mouvement de danse, afin de convoquer les hameaux voisins à la joyeuse cérémonie. Vers neuf heures, lorsque la lune est déjà haute dans le ciel, toute la population des environs afflue vers la place où l'on danse, après s'être préalablement bien lesté l'estomac.

L'esplanade consacrée par l'usage s'étend autour de quelque gigantesque kouroulengi; la lune l'illu-

mine en plein ; aux environs, les hautes plantations
de dourrah laissent entrevoir les huttes des voisins, garnies de têtes noires aux yeux brillants et
curieux. Sur la place se croisent, avec le vacarme des
tambours, mille interprétations bruyantes : *Tapo?
Farana! Leri kata! Taba bayin?* (Vous voilà? Bon-
soir! C'est jour de danse! Avez-vous du tabac?)
et tout cela entremêlé d'éclats de rire. Au pied du
vieux tronc décoré de couronnes de feuillage en
signe de fête, sont rangés les tambours, jeunes gars
intrépides, autour desquels sautillent, gesticulent
et criaillent les négrillons émerveillés.

La danse commence. Femmes et jeunes filles, enfants et hommes faits se forment en deux cercles :
l'un, intérieur, de femmes et de filles qui portent
en guise de lances des tiges de dourrah; l'autre,
plus large et entourant le premier, se compose des
hommes adultes et des garçons. Ceux-ci sont armés
de carquois, d'arcs et de lances; les notables portent
en outre des boucliers de peau d'éléphant : chacun
exhibe ses plus précieux ornements. Les uns sont
ornés d'un bouquet de plumes blanches, dont une
partie se dresse en aigrette, tandis que le reste
tombe en arrière comme une crinière de cheval; les
autres étalent des peaux de bêtes rares, d'ichneu-
mon, de civette, de panthère, et ces peaux, suivant
leur dimension, ornent la tête ou la poitrine. Les

verroteries bleues, rouges, blanches, ne manquent
pas non plus; mais l'ornement capital des danseurs
est une guirlande de clochettes en fer (*waryakan*)
qu'on attache depuis le pied jusqu'au-dessus du
genou, et qui produit à chaque pas, à chaque mouvement, un vacarme étourdissant. Les femmes sont
couvertes de pagnes neufs; les jeunes filles, dont le
cou et les hanches sont garnis de perles de verre,
secouent derrière elles de longues tresses de cuir qui
rappellent une queue de vache. Enfin, pour être un
lion achevé et faire fureur, il faut encore s'enduire
complètement le corps d'huile de kouroulengi et
d'ocre rouge. Tel est, par exemple, le chef du village, éblouissant sous son baudrier jaune, la tête
ornée du bec rouge d'un marabout, et secouant
d'une main son bouclier de cuir d'éléphant; une
peau de panthère flotte sur ses épaules; les nombreux anneaux de cuivre jaune qui serrent ses
jambes et ses bras noirs ont été repolis pour la circonstance. Il étale une joie d'autant plus expansive
qu'il a, par manière de prélude, englouti quelques
outres de jawa... Autour des danseurs se pressent
des flots de noirs marmots en délire, qui veulent à
chaque instant se précipiter au milieu des danseurs,
et qu'on retient à grand'peine.

Leur danse consiste en trépignements cadencés
accompagnés de poses menaçantes, de sauts en

avant et en arrière, de tourbillonnements, pendant lesquels les clochettes font le plus grand vacarme. Pendant ce temps, les femmes agitent les bras, se tordent dans tous les sens, bondissent en dressant les mains vers le ciel, et mêlent leurs cris aigus aux chants des danseurs, dont le chœur accompagne constamment la danse. Puis, à un signal des tambours, tout s'arrête en désordre, la danse cesse, les chants se taisent; seuls les tam-tam battent avec une nouvelle furie, et soudain, spectacle étrange, les guerriers se précipitent les uns contre les autres avec des regards menaçants, en brandissant leurs lances comme pour un combat; les femmes éclatent en hurlements. Mais les lances tombent à terre; ce n'est qu'un combat simulé, et des éclats de rire homériques traversent les airs. Alors les tambours reprennent; le chef, la lance en arrêt, court poursuivi par les danseurs, en même temps que le cercle des femmes tourne en sens contraire. Enfin l'on apporte des fascines de paille enflammée, on les jette au milieu du cercle; la danse de guerre recommence plus animée que jamais, aux reflets sanglants du foyer, au milieu du tapage infernal des chants, des hurlements, des clochettes, des tambours et des cornes d'antilope.

L'entrain que les Bari apportent dans leurs danses se montre aussi dans toutes leurs cérémonies, de-

puis le mariage, qui se célèbre avec un grand renfort
de repas et de libations, jusqu'à l'ensevelissement
des morts, qu'ils accompagnent de grands cris et
de gestes furieux pour écarter les démons, et de
longs hurlements de douleur sur la fosse où est
déposé le cadavre. De même que chez les Dinka,
l'époux achète autant de femmes qu'il en peut
nourrir; quoique ces malheureuses soient par-
quées dans des cases séparées, les jalousies furieuses
qui sont la conséquence de la polygamie se développent chez elles et se traduisent parfois par des
actes atroces. Le P. Kauffmann cite l'exemple d'une
femme qui, pour se venger d'une rivale préférée,
arracha les yeux et le cœur à la fille de celle-ci, et
n'échappa point elle-même à la justice féroce de
son époux.

Abrutis par la misère, uniquement occupés du
soin de se remplir, les nègres bari sont d'une indifférence profonde pour tout ce qui touche aux idées
religieuses. Ils croient à l'être créateur, *Moun*, sacrifient du lait et des aliments à la vipère noire,
dont ils se disent les descendants; mais là s'arrête
leur culte : ils ne croient pas à l'âme immortelle, et
les suicides ne sont pas rares chez eux.

Les sorciers, médecins-jongleurs, etc., ne peuvent
manquer de fleurir parmi eux : un homme est-il
malade, il court consulter le *punok,* qui lui indique

quelque recette aussi infaillible qu'absurde, et tout
est dit. Un de ces magiciens avait réussi à persuader
aux nègres qu'il était invulnérable; les bœufs, les
moutons, les présents de toute nature affluaient à
sa porte; mais il eut le malheur de prêcher contre
les négociants égyptiens, et ceux-ci, qui ne plai-
santaient pas, le firent tuer par surprise. Ses dupes
attendirent patiemment, rangés autour du cadavre,
l'instant de sa résurrection; ils ne commencèrent à
douter que quand le prophète fut en pleine putréfaction.

La plus curieuse variété de sorciers qu'on rencontre chez les Bari est le *faiseur de pluie*, personnage fort respecté, auquel les villages du voisinage apportent en masse les bœufs, les fruits et les
verroteries, lorsque la sécheresse se prolonge trop
longtemps, afin qu'il daigne évoquer les pluies
bienfaisantes. Mais ce haut emploi n'est pas sans
désagrément : si, après les prières et les jongleries
consacrées, la pluie se fait encore attendre, le
peuple s'assemble de nouveau, et ouvre, sans autre
forme de procès, le ventre au malheureux *kodjour*,
sous le prétexte spécieux que les orages y sont sans
doute renfermés, puisqu'ils ne veulent pas sortir. Il
se passe peu d'années sans qu'il périsse ainsi quelqu'un de ces faiseurs de pluie, à moins qu'il n'ait
le bon esprit de prendre le large en temps oppor-

tun. Le chef Niguello, ami de Brun-Rollet, était un de ces kodjours; il périt victime de sa dangereuse profession.

Le village de Gondokoro, situé sur la rive droite du fleuve, chez les Bari, est un des centres importants du commerce de l'ivoire : c'est là que résida, de 1850 à 1860, la mission catholique dont nous avons parlé plus haut. Le premier pionnier et le premier martyr de cette noble entreprise fut un prêtre italien, dom Angelo Vinco, à qui Brun-Rollet prêta quelques barques et des serviteurs, afin qu'il pût accomplir son désir de se consacrer à l'évangélisation des nègres. Angelo Vinco vint s'établir chez Niguello, dont l'intelligence perspicace prévoyait le secours qu'il pouvait tirer de l'amitié des blancs pour accroître son influence.

Européen isolé au milieu de ces sauvages aux passions violentes, dont les mieux disposés ne laissaient pas de lui jouer parfois de mauvais tours, le courageux missionnaire se mit avec ardeur à l'œuvre sainte qu'il était venu entreprendre sous ce climat dangereux; après avoir jeté les semences de l'Évangile chez les Bari, il entreprit un voyage vers l'ouest, et rencontra, sur les bords d'un affluent du Saubat, une peuplade nègre très étendue et très intelligente, les Berry, sur lesquels il donna en Europe des renseignements tout à fait nouveaux. Ces courses so-

litaires n'étaient pas sans danger. Ainsi, un jour
qu'il devait se rendre chez les Bari, le roi de Lyria,
jaloux de l'influence de Niguello, disposa cinq cents
hommes en embuscade sur le bord d'un étang où
Vinco devait faire de l'eau et passer la nuit, selon
toute probabilité. Heureusement, après avoir fait
sa provision d'eau, notre voyageur passa outre
pour profiter de la fraîcheur de la nuit. Les assassins s'avancèrent, la lance à la main, vers le lieu
où ils supposaient que dom Angelo était endormi;
mais quelques précautions qu'ils prissent pour cacher leur marche, ils éveillèrent des pintades qui
s'étaient perchées sous les arbres le long desquels
ils se glissaient. Le bruit que firent ces oiseaux en
s'envolant épouvanta tellement les meurtriers, que,
se croyant aux prises avec dom Angelo ou avec
son esprit, ils perdirent la tête de frayeur, et, je-
tant leurs lances au hasard, ils tuèrent six d'entre
eux. A leur retour, ils attribuèrent à toute autre
cause qu'à une panique la mort de leurs compagnons, et firent un tel récit de leur prétendue bataille, que le roi de Lyria renonça à poursuivre un
esprit, un dieu, contre qui ses armes ne pouvaient
rien.

Les efforts de Vinco furent d'abord couronnés de
succès : par sa patience, sa charité évangélique,
par les services de toute nature qu'il rendait aux

nègres, le bon religieux avait fini par captiver leur confiance; au milieu de leurs plus violents emportements, il suffisait de quelques mots de Vinco pour les apaiser. On remarqua une diminution sensible dans le nombre des meurtres et des vengeances pendant son séjour chez les Bari; les Berry lui rendaient une sorte de culte, et chaque matin une main invisible déposait sur le seuil de sa hutte les provisions du jour.

La cupidité de quelques hommes interrompit le cours de ces nobles travaux. Jaloux des succès de Brun-Rollet, qu'il devait en partie à l'influence pacifique de Vinco, des négociants de Khartoum se répandirent en calomnies contre le généreux missionnaire. Au moment où il se préparait à une expédition qui devait le conduire jusqu'à l'équateur, il reçut de dom Knoblecher l'invitation pressante de revenir à Khartoum pour faire tomber ces accusations; il s'empressa d'obéir. Une véritable persécution se déchaîna alors contre lui, activée surtout par un consul sarde qui désirait s'emparer de son journal de voyage; aussi, après s'être justifié sans difficulté vis-à-vis de son supérieur, Angelo Vinco, atteint jusqu'au fond de l'âme, fit de pénibles adieux à Knoblecher, et profita du départ de la première expédition pour retourner au milieu des sauvages, moins cruels pour lui que ses compatriotes. Mais ces dou-

leurs et les fatigues de l'apostolat l'avaient brisé ;
peu de mois après il mourut à Mardjou, chez les Bari.

« Sa mort, dit Brun-Rollet, fut pour ce peuple
un deuil universel ; pendant plus de huit jours, trois
à quatre mille personnes vinrent pleurer et sacrifier
des bœufs sur sa tombe. Toute discussion s'efface
devant la mort ; le respect que témoignaient les
sauvages pour la mémoire de dom Angelo fit honte
à ses détracteurs ; le Sarde avoua ses torts à dom
Knoblecher, et demanda, sur la tombe qu'il avait
aidé à creuser, un pardon qu'il était sûr d'obtenir
d'un saint. »

Après la mort de Vinco, le provicaire Knoblecher
revint, accompagné de quelques religieux du Tyrol,
à Gondokoro, et, grâce à la généreuse protection
de la famille impériale d'Autriche, grâce à l'appui
d'une association fondée en Allemagne pour la pro-
pagation de la foi chez les nègres, il put y acquérir
un terrain où les religieux construisirent un bâti-
ment, créèrent un jardin et se livrèrent ensuite tout
entiers à l'ingrate et pénible mission de civiliser les
Bari. Le caractère de ces nègres rendait une telle
tâche aussi ardue que rebutante : cherchant nuit
et jour à voler les religieux, les Bari répondirent
à leurs bienfaits par mille déprédations, et la docilité hypocrite qu'ils montraient parfois aux ensei-
gnements des missionnaires ne dura jamais plus

longtemps que les tiraillements de leurs estomacs.

Le contact des sauvages avec les commerçants d'i-
voire de Khartoum fut encore un obstacle plus grave
à l'œuvre des missionnaires : des Européens sans
aucune moralité, escortés de troupes de bandits
nubiens, descendirent chaque année à Gondokoro,
s'installèrent dans le jardin de la mission, répandirent parmi les nègres la plus affreuse corruption,
en même temps que, par jalousie ou par antipathie
religieuse, ils cherchèrent à mettre les prêtres en
suspicion parmi les Bari. Mais ce ne fut pas tout :
les violences et les assassinats qui accompagnent la
traite des nègres, à laquelle se livraient la plupart
de ces trafiquants, sous prétexte de commercer de
l'ivoire, soulevèrent les populations noires et leur
rendirent les Européens odieux; bientôt la résistance
et les réactions commencèrent. En 1855, un négociant sarde, M. Vaudey, venait d'arriver à Vlibo, à
une heure au-dessous de la mission de Gondokoro,
et se préparait à ouvrir le marché d'ivoire.

La population commençait à affluer autour des
caisses de verroteries, déjà mises à terre, lorsque
Vaudey entendit quelques coups de fusil du côté du
sud, et vit presque aussitôt les noirs sortir en tumulte de leurs cases au bruit sinistre du *nougara*
(tambour de guerre). Voici ce qui était arrivé. Un
négociant arabe, Mohammed-Effendi, qui venait du

Mont-Redjif et descendait le fleuve, s'était arrêté en face de Gondokoro, et, quoique musulman, il avait salué de quelques coups de feu le drapeau autrichien flottant à la corne de la *Stella Matutina*, jolie dahabié bleu de ciel montée par dom Knoblecher. Par une maladresse fréquente chez les Arabes, un des matelots avait oublié dans son fusil une balle qui tua raide, sur la berge, un enfant bari. Le père de l'enfant, voyant à côté de lui un domestique de la mission, le regarda comme solidaire du meurtre et le tua d'un coup de lance. Tout ce tumulte fit croire à Vaudey que les Bari attaquaient la mission autrichienne, et, entraîné par un élan chevaleresque, il descendit à terre avec quinze hommes bien armés, et marcha vers la mission en chassant devant lui les nègres à coups de fusil. Surpris et intimidés par la fusillade, ceux-ci reculaient, mais lentement. Parmi eux se trouvait précisément Niguello, qui, ayant fait le voyage de Khartoum, parlait l'arabe et servait d'intermédiaire avec les blancs. Niguello avait appris aux nègres que le fusil ne lance pas la mort à jet continu, mais qu'il faut un temps d'arrêt pour recharger l'arme, et pendant le combat ayant entendu un officier de M. Vaudey s'écrier :

« *Houaga, mafich baroud !* (Maître, il n'y a plus de poudre !) »

Il dit à ses amis :

« Ils n'ont plus de feu pour charger leurs *pipes;*
quand ils auront fait *toun* une fois encore, tombez
dessus à coups de lances. »

Les blancs firent une décharge meurtrière et voulurent battre en retraite; mais ils furent alors chargés
avec furie, et tous égorgés en détail. Un chef de
taille colossale, nomme Médi, traversa Vaudey de
sa lance au moment où il se jetait à l'eau. Un homme
qui s'était sauvé dans un îlot de roseaux y fut découvert et mis en pièces. L'effendi, cause involon-
taire de la bagarre, prenait son élan pour plonger
dans le fleuve, lorsqu'une flèche vint se planter dans
sa nuque, « comme une de ces queues que portaient
autrefois chez vous *les gens comme il faut,* » disait
un matelot à M. Lejean, voyageur français à qui
nous empruntons ces détails. La barque du consul
fut sauvée par son neveu, Ambroise Poncet; mais la
cargaison fut pillée par les vainqueurs, sous le feu
de l'équipage survivant.

Cette catastrophe irrita les vainqueurs et les vaincus; les trafiquants commencèrent dès lors cette
série d'attentats odieux qui se prolonge encore au
moment où nous écrivons, et les noirs, prenant en
horreur tout ce qui porte un visage européen, s'ar-
rachèrent par haine à l'influence civilisatrice et bien-
faisante des missionnaires. En présence de cet état

de choses, la station de Gondokoro n'était plus tenable, et, au mois de janvier 1860, la *Stella Matutina* vint remmener le seul religieux que la mort eût épargné, le courageux Franz Morlang, qui depuis est retourné au milieu des nègres pour reprendre l'œuvre interrompue.

En 1856, le P. Mosgan s'était détaché de la mission de Gondokoro pour fonder une station chez les Kytch, sur la rive gauche du fleuve, près d'un village de pêcheurs nommé Ayen, au bord d'un canal qui débouche dans le Nil, à quelques minutes de là. Cette station fut appelée *la Sainte-Croix*. Placée dans une situation saine, à proximité des bois et des sources d'eau vive, elle offrait en outre l'avantage d'être entourée de terres fertiles et abandonnées qui pouvaient au besoin nourrir un nombre considérable de colons. Sachant que la paresse et l'ignorance des nègres seront toujours de grands obstacles à leur éducation religieuse, Mosgan voulut que la mission catholique fût en même temps une école d'agriculture, et pour cela il créa un magnifique jardin, où tous les fruits de l'Europe et de l'Afrique se multiplièrent admirablement. L'arrivée de plusieurs compagnons, le P. Lanz, le P. Kauffmann, facilitèrent son travail; arrachés à leur misère passée par les soins et les conseils des religieux, les noirs leur témoignèrent une grande confiance, et les fruits de la mission commençaient à se faire sentir lorsque la suppression de l'établissement de Gondokoro entraîna celle de la station de Sainte-Croix[1].

§ 2

Expéditions sur le Saubat et le Bar-el-Ghazal. — Les Nyam-Nyam. — M. Guillaume Lejean. — Les négriers. — Épisodes de la traite des noirs. — M. Vayssière. — Conclusion.

Deux affluents du Nil Blanc, le Saubat et le Bahr-el-Ghazal, ont été depuis quelques années parcourus par les négriers et les chasseurs d'éléphants. A peine visité, près de son embouchure, par l'expédition d'Arnaud, le Saubat fut exploré, en 1854, par un Maltais nommé Andrea Debono, et par Philippe Terranova. Ce cours d'eau important serpente, par mille sinuosités, sous les noms de Telfi, Bahr-el-Makada, etc., à travers d'immenses savanes couvertes de hautes herbes, où vagabondent les éléphants, les antilopes et les girafes. Quelques peuplades se rattachant aux Dinka et aux Schillouks vivent sur ses bords. Debono et son compagnon, cherchant à atteindre le pays des Berry pour s'y procurer de l'ivoire, s'engagèrent dans un bras du fleuve et le remontèrent aussi haut que possible, mais la séche-

---

[1] Depuis 1861, l'ordre des franciscains a repris cette mission dangereuse, et plus de trente religieux sont déjà sur les lieux.

resse et une baisse subite des eaux les arrêtèrent, et obligèrent les deux aventuriers à passer de longues semaines au milieu des nègres hostiles, ne pouvant ni avancer ni reculer. Souvent ils furent obligés de faire usage de leurs armes à feu contre les sauvages, pendant le long hivernage qu'ils subirent sur le Saubat ; cependant ils en profitèrent pour essayer de nouer des relations commerciales avec quelques petits chefs du pays, dont l'avarice et la perfidie sont remarquables. Les détails suivants, tirés du journal de Terranova, montrent que ces négociations n'étaient pas toujours très agréables.

« Je partis le 5 mars avec quinze esclaves, raconte Terranova, pour aller trouver le sultan des Schillouks, qui demeurait à environ deux jours de distance dans l'intérieur des terres. Nous n'arrivâmes que le troisième jour. Le sultan me fit aussitôt prévenir qu'il viendrait le lendemain me rendre visite, et m'envoya en même temps cinquante livres de lait doux, autant de lait aigre (boisson extrêmement rafraîchissante), ainsi qu'un grand vase d'un liquide fait de blé fermenté, qui grise comme de l'eau-de-vie ; il m'envoya aussi un autre vase plein de vivres pour mes esclaves.

« Le lendemain matin, j'aperçus beaucoup de nègres en grande agitation, qui travaillaient à l'arrangement d'une route. Je leur fis demander dans quel but ils exécutaient ce travail; on me répondit que c'était là le chemin par où devait passer le sultan. Les noirs étendaient sur le sol de la cendre de fiente de bœufs, puis la recouvraient avec des peaux de bêtes. Beaucoup de personnes sans armes se tenaient assises à droite et à gauche de la route, car devant un grand aucun de ses sujets ne peut se tenir debout. Bientôt je vis venir le sultan avec une suite peu nombreuse; un esclave lui portait un escabeau sur lequel il s'assit devant ma tente, à peu près à huit pas de distance de l'endroit où finissaient les peaux étendues... Mes esclaves prirent alors mon tapis, sur lequel je m'assis près de lui, de telle manière que nous nous regardions en face.

« Le sultan est jeune et bien fait de sa personne : nu comme tous ses sujets, il porte des verroteries qui lui descendent du cou jusqu'à la poitrine et jusqu'aux jambes; il a sur la tête un petit bonnet orné de cordons garnis de coquillages et de verroteries; pour que ce bonnet ne tourne pas, il est fixé sous le menton par une garniture de petites coquilles; une touffe de plumes noires d'autruche en orne le sommet. Je m'étais étendu sur mon tapis en regardant le sultan; un de mes esclaves m'apporta une pipe, un autre me donna une bouteille de rhum,

« Le sultan était assis dans une singulière position : quatre personnes l'entouraient, chacune tenant un pied de l'escabeau. Il y en avait deux autres devant lui, et le sultan posait un pied sur la jambe de l'une, et l'autre pied sur celle de l'autre. Enfin deux autres personnes se tenaient, l'une à droite et l'autre à gauche, pour recevoir les crachats du prince, avec lesquels elles se frottaient la tête en guise de pommade; et, si par hasard elles manquaient de les saisir au vol, le prince leur crachait au visage.

« Le second jour de mon arrivée, le sultan vint me faire une visite et m'apporter une dent d'éléphant du poids de cent cinq rottoli[1]; en revanche je lui donnai des verroteries, un petit bonnet dans le genre des bonnets de polichinelle, tout garni de perles de verre, et deux clochettes pareilles à celles qu'on met aux agneaux, mais recouvertes de manière à ce qu'on ne pût les voir. Le sultan ne comprenait pas où étaient les clochettes; il tournait et retournait l'objet sans pouvoir les découvrir, jusqu'à ce que je lui fis dire par le drogman qu'elles étaient cachées à l'intérieur.

« Je joignis à ces cadeaux un petit miroir, et,

---

[1] Environ 45 kilogrammes.

quand je lui fis regarder dans la glace sa face noire, il crut qu'une autre personne était cachée derrière et se pencha pour la chercher; mais il ne vit personne. Alors il me regarda fixement et me fit dire qu'il désirait avoir l'explication de ce phénomène nouveau pour lui. Je la lui donnai; il se regarda de nouveau et se convainquit de la vérité en faisant se mirer les personnes de sa suite. Je lui donnai encore une chemise de toile d'Égypte, telle que les femmes égyptiennes l'emploient pour se faire des mantilles : cette chemise avait des manches larges ; elle tombait jusqu'aux genoux, et je l'avais garnie, sur la poitrine, de verroteries et de petites sonnettes.

« Mais, lorsque je fis demander par l'interprète à ce sultan malpropre, si content de mes présents, qu'il me fît donner du bois pour construire des cabanes, jamais il ne consentit à m'accorder ma demande. »

L'expédition de Debono et de Terranova sur le Saubat ne fut qu'un épisode de ces campagnes aventurières que les négociants de Khartoum poussent chaque année dans le bassin du fleuve Blanc et du Bahr-el-Ghazal. Ce dernier, qui vient du sud-ouest, a été particulièrement le théâtre des courses d'un grand nombre de commerçants, qui ont fondé sur ses bords des établissements permanents. Ce fut en exploitant les rives du Bahr-el-Ghazal qu'on apprit à connaître un peu les Nyam-Nyam, race nègre singulière, sur laquelle les marchands d'esclaves du Darfour débitaient depuis longtemps les contes les plus ridicules. D'après eux, non seulement les Nyam-Nyam sont anthropophages, mais ils sont doués par la nature d'une queue véritable. Seulement on différait d'opinion sur la nature de cette queue. Suivant les uns, elle s'épanouissait en éventail; d'après les autres, elle formait un prolongement rigide de la colonne vertébrale, variable en longueur d'un palme à deux pieds, de façon que ces pauvres gens étaient obligés, pour s'asseoir, de creuser un trou dans le sable, ou de porter constamment un petit banc percé d'une ouverture, pour y loger cet organe incommode.

Enfin, un coup d'œil d'un voyageur sérieux est venu dissiper ce prestige; M. Lejean, voyageur français, mis en relation, à Khartoum, avec les trafiquants d'ivoire, apprit par eux que les Nyam-Bari et les Nyam-Nyam portent, en guise de ceinture, un ouvrage en cuir délicatement travaillé qui, passant entre les jambes, se relève derrière elles et s'ouvre en éventail à la hauteur des reins; il réussit même à se procurer un exemplaire de ce singulier appareil, et mit fin par là à toutes les légendes qui couraient sur la queue des Nyam-Nyam.

Le voyageur que nous venons de nommer, M. Guillaume Lejean, est un des derniers qui aient exploré le haut Nil. Chargé par l'empereur Napoléon III d'une mission dans le Soudan, il aborda à Souakim, sur la côte de la mer Rouge, en 1860; de là, passant par Kassala et Guedaref, il arriva à Khartoum, où il se trouva en face de graves difficultés. En effet, les trafiquants d'ivoire et les négriers du fleuve Blanc avaient tant volé, tant pillé, tant massacré depuis quelques années, que la fureur des noirs s'était enfin traduite par des représailles sanglantes, et que les expéditions commerciales ne marchaient plus qu'avec de véritables armées. Suspect à tous les négociants à cause de sa résolution bien arrêtée de ne pas prêter l'appui de son silence à ces abominables brigandages, le voyageur ne put se joindre à aucune de ces expéditions commerciales qui partaient pour le sud au mois de novembre, et, rassemblant à ses frais une escorte de vingt hommes, il se jeta, dévoré par la fièvre, dans une barque équipée par lui, et partit intrépidement pour l'inconnu.

Mais l'espèce de fatalité qui semble s'attacher à toutes les entreprises ayant pour objet les sources du Nil, se vérifia malheureusement trop tôt pour lui. Arrivé à Gondokoro, il trouva le pays tellement soulevé par les barbaries des négriers, que sa petite escorte refusa d'avancer. Alors, redescendant le Nil Blanc, il s'engagea courageusement dans le Bahr-el-Ghazal, qu'il réussit à explorer presque jusqu'à sa source, dans une pirogue de sauvage. On lui doit la connaissance complète de ce fleuve; mais M. Lejean n'a pas rendu un service moindre à l'humanité qu'à la science géographique, en dénonçant hautement les attentats qui se commettaient et se commettent encore impunément contre les malheureux nègres.

Déjà Brun-Rollet, en terminant son livre sur le Nil Blanc, protestait contre les traitements odieux que certains trafiquants de Khartoum, Européens, Arabes ou Égyptiens, faisaient subir aux peuplades noires avec lesquelles ils nouaient des relations commerciales. Pour bon nombre d'entre eux, le trafic de l'ivoire et de la gomme ne fut plus bientôt qu'un voile destiné à cacher le trafic des esclaves.

Un moment ralenti par un édit du vice-roi d'Égypte, ce trafic reprit bientôt une nouvelle extension lorsque, les éléphants étant devenus rares, il fallut recourir à d'autres moyens pour couvrir les dépenses que nécessite le commerce de l'ivoire.

On recommença donc, en 1856, à voler aux nègres leurs troupeaux, leur seule richesse; à les

massacrer sans raison et souvent sans prétexte ; à
enlever comme esclaves les hommes faits, les femmes
et les enfants, pour les vendre à Khartoum ou dans
les entrepôts distribués le long du fleuve. Rien de
plus révoltant que les détails donnés par M. Lejean
et par M. Hartmann, de Berlin, sur la conduite des
trafiquants de Khartoum.

Placés, en effet, sur l'extrême limite de la civilisation et de la barbarie, ces hommes, pour la
plupart aventuriers sans croyance et sans honneur,
se trouvent lancés, n'ayant d'autre frein que leur
conscience pervertie, dans un champ libre où le
gain devient leur seul mobile, la perfidie et la force
leurs seules armes ; toutes les passions cupides,
immondes ou féroces, que la loi des sociétés poli-
cées a longtemps comprimées, éclatent alors sans
entraves, excitées encore par les ardeurs du climat
et l'assurance de l'impunité. Quel respect des con-
trats, de la parole donnée, de la dignité des
hommes, attendre de cette lie aventurière ? Lorsque
les bénéfices d'un commerce loyal ne répondent
pas à leur avidité, ils se jettent sur ces troupeaux
de nègres sans défiance, tuent les uns, enlèvent
les autres, les vendent dans d'affreux entrepôts de
marchandises humaines, d'où ils s'en vont, traînés
par milliers dans des déserts sans fin, et semant de
leurs cadavres les routes impitoyables de l'Afrique,

apporter aux mahométans ce contingent d'esclaves que les pauvres nègres leur payent depuis si long-temps.

Ainsi s'est développé sur le haut Nil ce commerce flétrissant, s'étendant chaque jour comme un réseau lugubre, tarissant les sources de la prospérité commerciale du Soudan et finissant par fermer, peut-être pour toujours, le Nil aux entreprises pacifiques de la religion et de la science. D'ailleurs, les barbaries qui partout accompagnent la traite n'ont été surpassées peut-être nulle part par celles qui ensanglantent chaque année le fleuve Blanc.

« J'avais remarqué chez un de mes bons amis de Khartoum, raconte M. Lejean, une petite fille de la tribu des Dinka, de sept à huit ans, qui attirait les yeux par une certaine gentillesse timide et triste qui n'est pas rare dans sa race. Elle avait aussi sa petite histoire à raconter, et j'écris presque sous sa dictée : « Je suis du village de Fatouar, auprès de la grande eau, dans la tribu de Faouër. Mon père n'était pas au Tokoul lorsque les blancs vinrent et prirent ma mère, moi et mon petit frère, qui tetait encore, et ils nous poussèrent dans leur barque, qui partit aussitôt. Mon petit frère était malade et criait, ce qui gênait les blancs : ils menacèrent ma mère et lui ordonnèrent de le faire taire. *Mamma* fit ce qu'elle put ; mais comme le petit criait toujours, un homme se leva avec son fusil, tua ma mère et les jeta tous deux à l'eau. »

Les populations soudaniennes n'ont pas non plus oublié certains héros de la chasse aux noirs : un Français, par exemple, de famille honorable, qui s'était acquis là-bas une triste célébrité. Une fois arrivé à Khartoum, X*** avait pris le Bahr-el-Ghazal pour base de ses opérations, et son premier soin fut d'organiser une armée afin de maîtriser les tribus, fort divisées entre elles, qui occupent ce pays. Pour cela, il s'entoura de soldats *rabbarins*, dont il se fit des complices aveugles au moyen de salaires exorbitants. Ces hommes, qu'on appelait à Khartoum « les brigands à ceinture de soie », étaient partout cités pour leur insolence et leur férocité. L'intérêt les attachait à leur chef, qui avait trouvé le secret de prélever sur les tribus l'or qui alimentait ses orgies et les hautes payes de ses hommes. Son procédé était simple : il tombait sur une tribu, enlevait tous les troupeaux, et, lorsque les noirs venaient, terrifiés, redemander leur bétail, il ne le rendait qu'en échange de tout l'ivoire amassé dans la tribu.

Un Italien qui avait fait le commerce de l'ivoire chez les Rêks racontait à Guillaume Lejean un souvenir personnel des campagnes de ce sinistre personnage : « J'avais formé le projet, disait-il, de marcher dans une direction où l'on m'avait signalé de l'ivoire ; mais le pays était agité, je n'avais que trente hommes : impossible, avec si peu de monde, de m'éloigner des établissements. J'appris tout à coup que X*** se mettait en marche dans le même sens, et je me dis : Partout où il aura passé il ne sera pas resté un nègre vivant ; je serai donc bien sûr, en le suivant à un jour ou deux de distance, de ne pas être inquiété par les indigènes. Et je me mis en route, précédé par les deux cents hommes de X***.

« Le premier jour, vers midi, je vis au-dessus des arbres une multitude de vautours et d'autres oiseaux volant et tourbillonnant autour d'un point que je ne distinguais pas encore. Il y a là de l'ouvrage de X***, me dis-je en hâtant le pas ; et quelques minutes après j'entrais dans un village dinka. Je ne m'étais pas trompé : il n'y avait pas dans le village un seul être vivant, mais des cadavres partout, et au seuil des huttes, dans des flaques de sang, des enfants égorgés sur le sein de leurs mères massacrées. Un autre jour il prépare une expédition secrète contre une tribu voisine : on lui amène deux nègres saisis dans un village des environs ; ils ne veulent ou ne peuvent expliquer leur présence. « Ce sont des espions, dit le maître, qu'on les

« pende! » Et il les abandonne à ses Nubiens. Les deux malheureux ont les oreilles et les poignets coupés; ils sont pendus à un arbre, et leurs cadavres encore chauds sont souillés par la plus dégoûtante des orgies. »

Le témoin qui racontait ces faits à M. Lejean lui faisait observer que les environs de l'établissement de X*** offraient, sur une surface de quelques milles, plus de nègres mutilés, privés d'une oreille, d'un œil, d'une main, que tout le reste des villages du fleuve Blanc. « Ils portent la marque de X***, » ajoutait-il.

La mort de cet homme fut digne de sa vie. Chaque année il venait à Khartoum dépenser dans des orgies l'or amassé par ces moyens honorables; l'opinion publique lui était fort indulgente. Dans une de ces orgies il tira trois balles d'un revolver sur un de ses soldats, sans le tuer sur le coup. Livré aux juges de Khartoum, il réussit à échapper au châtiment de son crime; mais, pour étouffer les sombres remords qui l'agitaient, il se plongea plus que jamais dans une ivrognerie dégradante, prit la fièvre et mourut subitement, en 1860. La mission catholique, lui ayant refusé la sépulture religieuse, vit toute la colonie se soulever contre elle, et un enterrement magnifique fut décerné à ce monstre par ses complices.

En revanche, on est heureux de voir quelques hommes dignes du nom de Français soutenir, au milieu de ces exemples honteux, l'honneur de la patrie. Tel était Alexandre Vayssière, ancien officier de hussards, devenu naturaliste et chasseur d'ivoire à Khartoum. « Sa petite taille, qui le faisait nommer familièrement *le rat,* dit M. Lejean, contrastait avec une âme énergique, chevaleresque et passionnée. Accoutumé par ses antécédents à suivre et à imposer une discipline militaire, il avait plié les quatre-vingts hommes qu'il commandait, et qui étaient cités dans tous les établissements pour leur bonne tenue. Il faisait loyalement le commerce de l'ivoire, et ne perdait aucune occasion d'exprimer énergiquement le mépris que lui inspiraient les négriers. Vayssière ne se bornait point à une opposition verbale ou écrite; les négriers savaient par expérience qu'il n'était pas prudent de venir exercer dans son rayon. »

A la suite d'une journée passée dans la savane, il était rentré un soir à son poste d'Akorber, chez les Toutch, quand il trouva le village en deuil, et apprit qu'un négrier égyptien avait passé par là, razzié la bourgade en l'absence des hommes, qui étaient partis pour la pêche, et enlevé vingt et un enfants; après quoi il s'était remis en route en descendant le fleuve. Vayssière eut vite pris son parti.

Il savait qu'au-dessous d'Akorber le Nil dessine à peu près les mêmes circuits que la Seine entre Paris et Meulan, que les barques arabes ne vont jamais très vite, et qu'il avait toute chance de rattraper son négrier à une heure de là. Avec un peloton de ses hommes, et suivi des nègres ses protégés, il se mit en route et joignit l'Égyptien au premier *mechera*[1] venu. Il faisait nuit noire : Vayssière le héla et lui réclama les captifs. Dénégation du brigand, qui affirma n'en avoir aucun à bord.

« C'est ce que je vais vérifier, » dit Vayssière ; et, le revolver au poing, il monta seul à bord de la barque, sans s'effrayer des mines suspectes qui l'entouraient.

Le pont et les cabines, bien explorés, étaient parfaitement en règle. Le visiteur ne se tint pas pour battu, et, s'adressant aux mères des captifs qui bordaient la rive, il leur commanda d'appeler leurs enfants à haute voix. Une mère appela sa fille : celle-ci répondit du faux pont du négrier.

« Tu vas mettre à terre tous les enfants que tu as cachés là-dessous, dit le Français au flibustier, et, s'il en manque un seul, mes tireurs, qui sont là sur la berge, ne te manqueront pas. » L'homme, effrayé, obéit, et, quand Vayssière se fut assuré

---

[1] Anse de débarquement.

que pas un enfant ne manquait à l'appel, il rentra à Akorber, escorté des plus bruyantes bénédictions.

La mort devait interrompre cette carrière remplie par tant d'actes courageux. En mai 1861, après une laborieuse campagne chez les Djours, Vayssière revenait à Khartoum, lorsqu'il fut saisi, à la hauteurs des îles des Schillouks, d'une maladie qui le tua en quelques heures.

D'un autre côté, les missionnaires catholiques du haut Nil, voyant leurs ouailles décimées jusque dans leurs églises, ont fait parvenir en Europe d'énergiques réclamations. Le P. Beltrame eut un jour le bonheur d'arracher neuf prisonnières à la rapacité d'un négrier; mais de pareils actes, dont le récit console au milieu de tant d'atrocités, ne firent qu'irriter davantage les prétendus *civilisateurs* de l'Afrique, et valurent aux missionnaires toutes sortes d'injures et de calomnies, tant en Égypte qu'en Angleterre, en France et en Allemagne. Quant aux agents du gouvernement égyptien, leur complicité est trop bien établie dans les faits douloureux dont nous n'avons indiqué qu'une petite partie, l'esclavage est trop essentiellement lié aux conditions que le mahométisme a faites à ses adhérents en Afrique, pour que l'on puisse espérer que de là parte le remède énergique et nécessaire qui tarira dans sa source un commerce infâme, et mettra un terme à des horreurs qui dégradent l'humanité. Pour élever hâtivement des fortunes sans consistance, pour établir un crédit si fictif que l'intérêt de l'argent était en octobre 1860, sur la place de Khartoum, de 36 pour 100, on a fermé le fleuve Blanc au commerce pacifique, on a détruit ou déplacé des tribus, dépeuplé des cantons fertiles, dépravé des populations civilisables, jeté depuis dix ans soixante mille nègres sur tous les marchés musulmans, tué par la balle ou par la faim de cent à cent cinquante mille malheureux. Quel résultat pour tant de crimes !

Ces choses se passent tous les jours en face du ciel, à portée de nos flottes et de nos canons, sur une terre où flottent les drapeaux de trois nations chrétiennes. Tandis que l'Europe s'abandonne trop souvent à de misérables intrigues, que des flots de sang sont versés pour quelques lambeaux de territoire ou pour des entreprises révolutionnaires, il y a là, à quelques pas de nous, des peuplades entières qui succombent sous les attaques féroces de bandits, et qui sont non pas opprimées, mais anéanties. Il n'est pas possible que de pareils attentats, si longtemps et si impunément prolongés, ne pèsent pas quelque jour sur les destinées de l'Europe, indifférente ou complice. Elle répondra devant Dieu des actes de ces Européens qui la déshonorent, et de ces musulmans qui la bravent. Au jour de la justice suprême, elle verra s'élever le spectre accusateur de ces nations malheureuses, que Dieu nous avait confiées pour les aimer, les élever dans la douce lumière de l'Évangile à la vraie civilisation, et que nous avons misérablement laissé opprimer, vendre, mitrailler et avilir !

FIN

TABLE

CHAPITRE V

BURTON ET SPEKE

EXPÉDITION AUX GRANDS LACS DE L'AFRIQUE CENTRALE

CHAPITRE VI

EXPÉDITIONS A LA RECHERCHE DES SOURCES DU NIL BLANC

CHAPITRE VII

EXPÉDITIONS A LA RECHERCHE DES SOURCES DU NIL BLANC (SUITE)

14468. — Tours, impr. Mame.

BIBLIOTHÈQUE
DE LA JEUNESSE CHRÉTIENNE

FORMAT IN-8° — 2ᵉ SÉRIE

Tours. — Impr. Mame.